祈りが護る國

日の本の防人《さきもり》がアラヒトガミを助く

ノートルダム清心女子大学
名誉教授・理論物理学者
保江邦夫

防人を捜せ！——前書きに代えて

いまこのとき、我が国が如何なる危険な状況に追い込まれつつあるのか、誰一人として気づこうとしていないかのように見えるのは、考えすぎなのでしょうか。

テレビニュースや新聞紙面にすら、ウクライナ問題に始まり北朝鮮による核ミサイル開発や中国共産党による周辺領土拡張の動きと台湾侵攻準備に至るまで、日本に迫りくる危機の数々が報道されなかった日は皆無だというのに、ほとんどの日本人はスマホを片手に、ＳＮＳで友達申請に励むだけの日常を過ごしているのですから！

前著、『祈りが護る國——アラヒトガミの霊力をふたたび』、及び『祈りが護る國——アラヒトガミの願いはひとつ』（共に明窓出版）においてお伝えしたように、我が国とそこに生きる我々は現人神（アラヒトガミ）となられた天皇の深い祈りによって護られているというのに、これでは、その効果も半減しかねません。

それでも、陛下は祈りの時間を増やしてまで、これまでどおりに我々をその霊力によって護ってくださろうとしていらっしゃるのです。

多忙な御公務の後で、深夜に人知れず長時間の祈りに向かわれる日々の連続の中、明治天皇によって定められたままの質素な食事では、御身体にも障ることになってしまうのではないでしょうか。

我が国を取り巻く世界情勢がまさに風雲急を告げているいま、少しでも陛下の御負担を減らすことが急務となっています。

とはいえ、我々が直接陛下をお助けすることなどかなわない相談だとお考えの方々が大多数であることは明らかでしょう。

いや、ちょっとお待ち下さい。なにも直接お助けせずとも、祈りの場面で陛下の御負担を軽減することであれば、我が国に生きる我々の誰にでもできることがあるのです。

実際のところ、野にあって陛下を霊的にサポートしてきた人物は、これまでも決して少なくはありません。

もちろん、我々全員がそのような霊的な働きをすることができるわけではないこともたしかなのですが、ただ陛下の祈りの効果が本来のものになるようなお手伝いであれば、誰もが難なくこなすことができるのです。

まさに、現代の防人《さきもり》と呼ばれるに相応しい存在になれる……。そんな重要な事実をできるだけ多くの皆さんにお伝えし、そのお手伝いが無理なく気楽にできるようになっていただくための秘訣をお教えすることが、この本の目的に他なりません。

パート1では、まず我が国日本にいまそこまで迫っている危機のいくつかについて知っていただき、現代の防人となる決意を固めていただく一助とします。

パート2においては、著者である僕自身がこれまでに現代の防人としてどのような働きを続けてきたのかを知っていただくために、その一部をご紹介します。

パート3では、陛下をお助けする現代の防人として人知れず活躍していただくために必要となることを、僕自身の個人的な経験の数々を例にして詳しくお伝えする予定です。これにより、読者諸姉諸兄の多くが、一刻も早く現代の防人として活躍していただけるようになると信じてやみません。

最後のパート4においては、実際に現代の防人となったときに最も役に立つ技法について解説することで、日常の中に仕込まれている落とし穴に陥ることがないよう注意を喚起しておくことにします。

さあ、ご自分を最大限に鼓舞し、心して読み進んでいってください。

多くの皆さんが後に続いてくださると信じつつ

……著者記す

祈りが護る國 日の本の防人《さきもり》がアラヒトガミを助く

パート1 日本を取り巻く暗雲

パート4　祈りが護る國の防人たれ

パート1　日本を取り巻く暗雲

ロシアによる日本侵攻作戦

僕には、世の中に知られていない話や、さまざまな裏情報などを教えてくれる情報提供者が何人かいるのですが、その一人が、元教え子だったスイスの銀行家です。

２０２２年の12月初めのこと、彼から驚くべき情報がもたらされました。ロシアのプーチン大統領が、ウクライナ侵攻を決定した背景にあった話だといいます。

２０２２年11月25日にニューズウィークに掲載された話です（日本語訳記事タイトル：ロシアはウクライナでなく日本攻撃を準備していた…FSB内通者のメールを本誌が入手 https://www.newsweekjapan.jp/stories/world/2022/11/fsb-1.php）。

ロシアのＦＳＢ（Federal Security Service）、つまり昔のＫＧＢに当たる国家秘密保安局が、２０２１年８月にプーチン大統領へ提案した侵攻計画では、なんと、ウクライナではなく日本に侵攻するプランがあったというのです。

プーチン大統領がその計画を承認していたら、北方領土から北海道に向けての侵攻が始まっていたという、驚愕のニュースです。


（引用始め）

「オセチキンが3月に受け取った内部告発者からのメールには、2021年8月にロシアは、『日本を相手にした局地的な軍事紛争に向けて、かなり真剣に準備をしていた』と書かれている。このFSB内部告発者によれば、ロシアが攻撃相手をウクライナに変えたのは、それから何ヶ月も後のことだった。


『日本とロシアが深刻な対立に突入し、場合によっては戦争に発展する可能性はかなり高かった。最終的にはウクライナが選ばれた（シナリオ自体はそれほど大きく変わっていない）が、その理由は私が答えることではない』とメールには書かれている」

（引用終わり）

（編集注：オセチキンとは、ロシア人の人権擁護活動家ウラジーミル・オセチキン氏のこと）

結果として、プーチン大統領はその計画書にサインしませんでした。プーチン大統領は日本びいきとして知られていますし、日本に戦争を仕掛けることを躊躇していたのでしょう。

すると、軍部には不満がたまるわけです。そのガス抜きのために、どこかへ侵攻させなくてはならなくなったのです。

ところで、2021年8月8日、僕は青森県の津軽地方を訪れていました。

坂上田村麻呂が残した、北斗七星の形の結界が崩れかけているので修復してほしいという依頼があったためです。結界は岩木山《いわきさん》を中心にして、青森県の7つの神社を結んできたものでした。

僕はその前にも、あちこちの神社に行っていたのです。九州の志賀海神社、出雲の美保神社、天橋立の籠神社、能登半島の気多大社、犬吠埼、金華山……。

そして、8月8日の青森では、岩木山の麓にある岩城山神社の裏の、龍神池がある白龍神社で結界を張り直したのです。

当初の目的は、坂上田村麻呂が張った北斗七星の結界の修復だったのですが、結果として、九州から本州にいたるまでの結界が張れました。

ひょっとすると、この結界が影響して、プーチン大統領が日本侵攻作戦にサインをすることがなかったとも考えられます。

荒唐無稽のようにも思われるでしょうが、結界はそのように人を動かす力があるのです。映画やアニメの中などでは結界を張ることで天変地異を防ぐ場面がありますが、現実には結界は人の気持ちを変えるという効果を持つだけのものなのです。

だからこそ、プーチン大統領の気持ちをも日本を護るように動かしてくれたのではないでしょうか。

安倍元総理暗殺の真相

ここで、僕の夢枕に立った導師のような方が伝えてくださった、安倍元総理が暗殺された事件についてお話ししたいと思います。

事件当日の応援演説では、演説を聞いていた聴衆の多くの人が、スマホなどで撮影していたので、動画がけっこう残っています。

そのため、事件直後の民放のニュースでは、一般の方が撮ったそうした映像がいくつも流されていましたが、2日後ぐらいから出なくなりました。

安倍元総理はその前日、僕の自宅もある岡山に来られて応援演説をされていて、犯人の青年も岡山に行ったそうです。

本当は岡山で実行しようとしていたのが、岡山では警備が厳しく人も多かったのでできなかったと話していたようです。

翌日に奈良に行ったのですが、そこがまずおかしな話です。安倍元総理はその日、京都で演説をする予定でした。だからあの青年は、普通なら京都に行くはずなのです。一般の人は、京都で演説するという情報しか知らされていなかったのですから。

京都をやめて奈良に行くことがマスコミに知らされたのは、前日ではなく当日の朝のはずでした。

安倍元総理もおそらくは京都に行くおつもりだったのでしょうが、その日の朝、急遽変更が決まり、現場となった大和西大寺駅前に行くことになりました。

ですから、奈良で演説するという情報を知ることができた人はごく少数です。

実際、周りで聞いている人もあまり多くはなく、まばらでした。岡山会場では前々からアナウンスしていたので、当日はたくさんの聴衆が来ていましたが、それに比べたら、あの会場は聴衆が本当に少なかったようです。犯人と称するあの青年が、大きめのバッグを携えて悠々と歩けるぐらいガラ空きでした。

ところが、NHKだけはその場に来ていました。女性のキャスターがずっと横にいて、カメラマンも安倍元総理を写していたのに、あの青年が手製の銃をぶっ放した肝心の瞬間から、カメラはずっと下のほうに向けられていたのです。

NHKのプロのカメラマンが、いくら気が動転していてもカメラを下に向けたままには絶対にしないでしょう。たとえ自分が転んでも、カメラは当事者に向けているはずです。女性のキャスターだけが、「何者かが発砲しました」とか、「2発目の音がしました」とか伝えています。流れているのは声だけで、カメラが写しているのはずっと足元だけなのです。

僕はそのシーンを当日、何度も見ました。民放は、情報が公開されたのが朝だったから現場には行けていなかったのです。

それなのに、NHKだけは現場にいて、なのに、決定的なシーンは写せていない……。

これは、操作されているのでしょう。おそらく、NHKにも通じる人がいて、現場には行っても安倍元総理が撃たれる場面は写すなという指示をしていたのだと思います。犯人とされる青年も、内通者が安倍元総理の動向を教えない限り、あの場所に来られるわけがないのです。誰かが、奈良で応援演説が行われるという情報をもたらし、青年は悠然と現場に現れて手製の銃を撃ったのです。

この事件では、警護の失敗が一因だという話になりました。たしかに、護衛官の何人かは後ろを見ていましたが、青年のことはまったくマークしておらず、簡単に近づけてしまいました。至近距離まで近づいて、青年は手製の銃を撃った……、一般の方が提供した映像では、バンという音と共に煙も出ていました。

ただ、あの銃はホームセンターで買ってきたようなものを組み合わせて作っただけなので、殺傷能力はないはずです。

僕は、銃の免許を取って実弾を撃ったこともあるからわかるのですが、手製の弾と銃身の間が少しでも空いていたら、火薬が発火したときにそこからガスが漏れます。そんな状態で飛び出る弾の初速では、人体を貫通するなんてとてもできません。

貫通するためには、速度もさることながら、当たるときに弾が回転している必要もあります。あの手製の銃ではそうはならないので、致命傷には絶対になりません。しかも、距離が近かったとはいえ、銃から撃った弾はそれほど簡単には当たりません。直接突き付けて撃てばもちろん当たりますが、5メートルも離れたらそうは当たらないのです。

一般の方の映像を見ていたら、一発目の銃声がしたときに元総理は「なんだろう」という感じで振り向いていました。

そして二発目が撃たれたときに、銃声がした直後に台からちゃんと飛び降りています。それに、自分の足で着地しているところまで写っています。

その脇で、奈良県警の私服警官が、守るための動作として元総理にかぶさっていました。

結局、安部元総理は弾が当たって亡くなりましたが、医師の所見は、弾が右肩から入射して心臓を通過し、左脇から出ていったというものです。でも、そんな殺傷威力はあの銃にありませんし、角度も違います。

それなのに、ほとんどの人が犯人はあの青年であると信じたわけです。信じたあげく、真相から話をそらすために、青年の母親が旧統一教会の信者で、お金を貢いでいたことが犯行の動機になったという話が浮上してきました。

ケネディ大統領の暗殺事件と同じなのです。ケネディを暗殺したとされているオズワルドは、本当は犯人ではありませんから。それと同じく、青年は世間の目をごまかすために操られた、かわいそうな人なのではないでしょうか。

この事件で、旧統一教会に関わっていた自民党の代議士たちが、急に立場が悪くなりました。

そうするといったい、誰が一番得をするのでしょうか。

事の真相を明らかにするときは、お金の動きを見れば一目瞭然です。そう考えると、統一教会が注目されたことで得をするのは、中国共産党しかありません。

旧統一教会は反共運動、つまり、共産党に反対する運動をしています。共産党はそれを煙たく思っているのですね。

いま、共産党が治めている国は、中国しかないのです。統一教会の勢力が弱まれば、中国にとってメリットがあります。

だから、中国のハニートラップに引っかからない、旧統一教会とつながっている反共思想の自民党の代議士が槍玉に挙げられたわけです。

その他の自民党の代議士の多くは、中国共産党のハニートラップにかかっているから、言いなりになっています。この事件で、日本を完璧に手玉に取ろうとしているわけです。


このシナリオの背景には中国が介在していそうですが、そうはいっても、安倍元総理を暗殺するというのはやり過ぎという気がしますね。

それを考えていたら、航空自衛隊の知人から、興味深い情報が入ってきたのです。

航空自衛隊は、アメリカの空軍とツーカーです。日本の自衛隊はいまだにアメリカ軍の配下にあるのですから。

現在のアメリカ大統領といえばバイデン氏ですから、陸軍も、海軍も、海兵隊も、バイデン大統領の息がかかっています。

しかし、空軍と、空軍から派生した宇宙軍だけは引き続きトランプ元大統領の息がかかっていて、バイデン大統領を倒そうとしているようなのです。


中間選挙の頃にも、バイデン大統領の弾劾決議をさせようとする動きがあったようです。アメリカ空軍は反バイデンですので、弾劾する材料をたくさん持っています。

その中の一つが、航空自衛隊の知人から聞いたウクライナ侵攻についての次の話です。

ウクライナ侵攻のウラ話

プーチン大統領の背後にいてウクライナ侵攻のシナリオを書いたのは、実はバイデン大統領だというのです。バイデン大統領の息子がウクライナでドラッグに関する罪などで捕まって、実刑となり収監されているそうですが、マスコミなどではまったく報道されてきませんでした。

バイデン氏は大統領就任後、ウクライナのゼレンスキー大統領に息子の釈放を頼みました。ゼレンスキー氏もそれに応えようとしたのですが、ウクライナの司法長官がつっぱねたので、ゼレンスキー氏は司法長官をクビにしたのです。

ところが、後任の司法長官も、

「一度判決が出て収監されているのに、それをひっくり返すのは無理です」と断りました。

そんなことを何回も繰り返して業を煮やしたバイデン大統領は、ウクライナがいまの形態で存続する限り、息子は釈放できないと悟りました。

ならば、ウクライナを転覆させるしかないと考えたのです。国が消滅すれば、収監している人を釈放するのも容易になるからです。

そこで、プーチン大統領に、いまのロシアの戦力があれば、ウクライナなら数日で陥落させられると耳打ちしました。侵攻中、アメリカは手出しをしないから、自由にやってくれといったのです。

プーチン大統領はプーチン大統領で、ロシア正教から突っつかれていました。ウクライナ人も、もともとロシア正教を信仰していたのに、旧ソビエト連邦が崩壊してから、ウクライナにカトリックが入ってくるようになり、いまでは、カトリックのほうが影響力が大きくなっています。

このままでは、ウクライナでロシア正教の力はほとんどなくなってしまう……、そんな由々しき事態があり、ロシア正教が、ウクライナを奪還しろとプーチン大統領に圧力をかけていたのです。

ロシア正教は、ロシアではかなりの勢力を持っていますので、プーチン大統領もそれは無視できません。プーチン大統領自身も、かつてはロシア正教の僧侶でロシア皇帝を裏で操っていたラスプーチンの子孫なので、ロシア正教を優遇しなくてはいけないのです。

そこで、それ以前にロシア正教のプッシュがあってクリミアを奪っていたので、今回はウクライナ全域を奪取しようと計画しました。

それで戦争を仕掛けたら、ウクライナから予想以上に激しい抵抗にあったのです。ロシアの軍隊も、思いのほか動きが悪く、装備もきちんと作られていなかったようです。プーチン大統領が見せられた最新の戦車や戦闘機は品質が高かったのですが、納入された大量生産品は手を抜かれていました。

その軍事費については、軍事会社の社長が懐に入れたり、軍隊のトップが私腹を肥やしたりすることにかなりの部分が使われました。

ウクライナに侵攻したロシアの戦車の表面には、弁当箱みたいな箱がたくさんついていますが、本来なら、敵のミサイルや戦車砲を察知して着弾前に爆発させるための爆薬が入っているのです。爆風で弾をそらせるという防御システムです。

ところが実際には、箱の中は空っぽでした。お金がどんどん中抜きされたので、火薬がほとんど入っていなかったのです。

最新鋭のロシア戦車が、ウクライナ軍にいとも簡単にやられてしまったのはそのためです。ロシア黒海艦隊の旗艦だったミサイル巡洋艦の「モスクワ」も、一発で沈められてしまいました。

きちんと製造されたものであれば、性能はいいはずなのです。大量生産されたものが、手抜きや火薬抜きだったのです。

プーチン大統領もそのうちに、バイデン大統領の息子のために踊らされていたと気づくわけですが、でも気づいたときには、ヒトラーをしのぐ極悪非道な指導者として糾弾されていました。

しかも、核ミサイルを撃ちかねないとまでいわれています。

なんとか自分の立場を維持し、顔を潰さずにこの戦争を収めるために、間に入ってくれる人はいないか……、そこには、安倍元総理がいました。プーチン大統領と安倍元総理はわりと仲がよかったのです。

わざわざロシア政府専用機で安倍氏のお膝元の山口まで飛んできて、その後に東京に来るような人です。この戦争を、自分のメンツが潰れないかたちで終わりにするために、プーチン大統領は安倍元総理に相談しました。

その動きを察知したバイデン氏は、ウクライナという国を転覆させなくてはいけないのに、ロシアとウクライナの手打ちに一役かいそうな安倍元総理が邪魔になりました。

そこで、安倍氏の暗殺を計画したのです。ただ、暗殺を計画してもそう簡単にはいかない。

アメリカの中央情報局（ＣＩＡ）は、全世界の警察機構にも職員を紛れ込ませています。ヨーロッパ、アジア、日本も含め、どこの国の警察にもＣＩＡの息のかかった人が入り込んでいます。

今回、安倍元総理の演説に関わった県警にも、ＣＩＡの手先が紛れ込んでいても不思議はありません。

ただ、発砲して犯人とされている青年については、アメリカでは用意できなかったのでしょう。そこは中国に頼むしかありませんでした。

中国としては、これを機に反共運動の先鋒である旧統一教会と、それに関連している自民党の反共思想の持ち主を一掃しようとしました。

それに適任な人材ということであの青年に目をつけて、実行させたのです。

彼が、安倍元総理の演説場所についての情報をなぜ知っていたのか、それがそう信じさせる理由です。


そして、目論見どおり安倍元総理は暗殺され、旧統一教会とそれに関わった自民党の代議士はのきなみ非難され、バイデン氏と中国共産党が思い描いたシナリオどおりになったのです。

だからといって、プーチン大統領がこのままウクライナを占領できるのかというと、おそらく無理でしょう。ロシアの戦力がまるっきり低いものでしたから。

イギリスなども、ウクライナの応援にかなり力を入れているということもあります。

プーチン大統領にとってはもう、選択肢がなくなってきました。安倍元総理が間を取り持つという可能性がなくなったいま、やけになる可能性も非常に高まっています。

このままいくと、核ミサイルを撃つという可能性もあるでしょう。

あるいは、「ザポリージャ原子力発電所をメルトダウンさせろ」と命令するかもしれません。

原子力発電所がメルトダウンしたら、チョルノービリ原発事故の10倍ほどの放射性物質が風に乗って西ヨーロッパへ広がってしまいますから、ヨーロッパは致命的な被害を受けることになるでしょう。

それを止めるには、世界中がプーチン大統領はそそのかされていただけだと知ったうえで、プーチン大統領が「この戦争を終わらせる」と決断する必要があります。

でもこの事実を誰も知らないから、プーチン大統領もそんなことはいわないのです。いまさらそんな言い訳をしたところで、誰も聞く耳を持ちませんから。

いま、本当に第3次世界大戦が始まりかねない状況です。

ロシアが核ミサイルを使ったら、イギリスも本格的に動くでしょう。周辺諸国ではイギリスやフランスが核ミサイルを持っているから、報復も辞さない構えということも考えられます。

だからこそ、この話を世の中に出さなくてはいけないのです。

ニューズウイークの記事の話に戻りますが、プーチン大統領は、日本侵攻のサインをしなかったことで、自分の立場が危うくなっていた……、そんな背景があったとすれば、バイデン大統領のいうことを聞いたのにも納得がいきます。

バイデン大統領からの耳打ちもあったし、ウクライナ侵攻をさせれば、軍部の不満のはけ口になると考えたのですね。

ウクライナ侵攻にあたって、戦車などの軍用車両に「Z」という文字が書かれていました。あのZは、東部方面軍を意味します。ウクライナに隣接しているのは西部方面軍なのに、プーチン大統領は、ウクライナ侵攻に東部方面軍を使ったわけです。

というのは、日本に攻め込む予定があったのが、東部方面軍だからです。東部方面軍では準備もできていたし、やる気満々になっていたから、ウクライナに標的が変わってもその軍を送るしかなかったのです。

西部方面軍と東部方面軍にはほとんど交流がないので、同士討ちを避けるために、東部方面軍には東部を表すZと表記させたのですね。

パート2　天皇のご負担を軽減する祈りと伯家神道《はっけしんとう》

三木家の巫女様

天皇に、伯家神道の祝之神事《はふりのしんじ》をお伝えした人たちがその後、令和の時代にはなにをしているのかを、少しお伝えします。

祝之神事には、国を護るという威力があるのですが、その効力は120年間しか続きません。そこでその120年以内に、次の天皇に受けていただかないといけないのです。

以前、祝之神事を受けられた明治天皇が亡くなられてから、大正陛下も昭和陛下も、いまの上皇様も、祝之神事を受けておられませんでした。

しかし、120年の期限が来るギリギリのところで、無事に今上陛下にお渡しすることができたのです。

すると、京都で細々と祝之神事を受け継いできた巫女様とその周りの人たちのお役目は、もう終わったはずです。

だから、いまは御神事をしていないのかといえばそうではなく、引き続き東京で毎月、祝之神事を続けています。

もともとは京都で行っていたものを、東京でも行うということで始まったものです。東京と京都と両方で祝之神事をしている頃に、無事に今上陛下にお渡しすることができたのですが、さまざまな要因が重なり、京都での御神事ができなくなりました。会場になる神社の都合が悪くなったり、人が集まらなくなったり、巫女様の都合が悪くなったり。京都で開催しようとしても、できないことが増えてきたのです。

その理由は、京都に異界の次元とつながる空間の穴が開けられてしまったことに関係しています。京都が、これまでのような霊的に護られている精妙な場所ではなくなったということなのです。

それで祝之神事を続けることができなくなったのですが、幸い、東京でも続けていたので、いまは東京のみでの定期的な開催になりました。

しかし、東京で続ける意味があるのかどうかは疑問でした。今上陛下におつなぎしたのですから、次の悠仁親王には陛下から直接お渡しいただければいいので、一般人の巫女や、神官であった人たちのお役目は終わったという人もいたのです。

この意見に納得する向きもありましたが、それでも、ごく内輪の2、30人の巫女と神官で、細々と続けていました。

自分たちも止めてしまったら、なんらかの不都合が起きて復興させる必要があったときに誰も対処できないのではないか……、それでは止めるに止められないという気持ちで続けていたのです。

けれども、時間が経てば経つほど、わざわざ東京に集まって、なんのために活動しているんだと、みんなの気持ちがだんだん揺れてきました。

そんなときに限って、いろいろなネガティブなことが起きるのです。すると、自分たちが祝之神事としてやっていることは、本当に霊的な効力があるのかどうかも疑わしくなってきます。

もちろん、陛下がなされば大きな効力があることははっきりしていますが、我々庶民がお作法を真似するくらいでは、たいした影響があるとは思えなくなってきたのです。

陛下がなさってくださっているのに、我々がやることになんの価値があるのかという意見がぽつぽつと現れ出しました。口にしない人も、心の中ではそう思っていたようです。

僕自身もそう思い、そろそろ足抜けしたいと考えていた頃に、皇太子殿下が天皇になられるときに大嘗祭でお召しになる、麁服《あらたえ》が用意されることになりました。

麁服にする麻は、徳島の三木家が代々用意することになっているのですが、今回ももちろん三木家が用意して、大嘗祭の年、つまり令和元年の直前までに間に合うように計画して栽培していました。

幸い生前御譲位ということで猶予期間があったので、三木家もきちんと準備をしていたのです。

我々も、麁服作りに加わらせていただこうと活動をしていました。

このときに三木家が拠出する費用は、200人のご寄付でまかなわれているのです。献上品なので、宮内庁からは予算が一切出ないからです。

三木家は、三木武夫総理大臣などさまざまな著名人を輩出したお家柄、金銭的な余裕はありますが、政財界の人たちが一緒に献上したいということで100人、皇族と元皇族の方々の100人、計200人の寄付があります。

我々もその中に入れていただいたのですが、その200人には、麁服を作った際に使用されなかった麻をお下げ渡しされるのです。もちろん、我々も頂戴しました。その麻を、御神事の際に巫女が使用すると、ずいぶんと効果が違うのです。


そんなこともあってか、三木家の巫女様から使者がつかわされました。その巫女様は、代々皇太子殿下や陛下が宮中で御神事をなさるときに、ご指導やお手伝いをなさるお方で、年配のご婦人です。使者を通じて、本当によく祝之神事を継承してくださったとお褒《ほ》めの言葉をいただきました。

そのときに僕は、御神事は続けていますが、もう我々のお役目は終わったのかもしれないというような内容を、使者に伝えました。

すると、しばらく経ってまた使者が来られて、三木家の巫女様からの言伝《ことづて》をいただきました。

「あなた方が東京で定期的に祝之神事をしてくださっていることが、いかに陛下の国を護るお祈りのご負担を楽にしてくださっているかを、わかっていただきたいと思います」と。

我々が月に1回集まってしている御神事で、皇居での陛下のご負担が少しでも軽くなっているのなら、それだけでもありがたく、大変喜ばしいことです。

その次の東京での御神事のときに、巫女や神官にそのお話をしたら、みんな昔のように、自分たちが頑張ることに意味があるのだと感じられるようになり、とても喜びました。

それからは本当に、以前のように晴れやかに、堂々とやり始めることができたのです。

またしばらくしたら、三木家の巫女様の使者が来られて、「改めて、祝之神事をお伝えくださいました御礼を申し上げます」とおっしゃられました。

もう4年も経つのにいまさらと不思議がっていたら、ちょうど皇居の改装が終了して、それまで東宮にいらっしゃった今上陛下が、皇居に移ってこられたそうなのです。

それで、天皇になられてから初めて、皇居の賢所《かしこどころ》で祈りの御神事をなさるようになり、ときおり、三木家の巫女様がご指導されているといいます。

新しい賢所の廊下は、歩くと音が出るようになっていて、陛下が渡られるのがわかるように造られているそうです。

ところがその頃、だんだんと陛下の足音が小さくなっていき、そして、皇居に移られたときには、音がまったくしなくなっていました。

つまり、陛下は完全なる現人神《あらひとがみ》になられた……。

「それは、あなた方のおかげです」と感謝を伝えられました。

巫女様は、陛下が現人神になられるまでのお手伝いをするのが三木家の巫女のお役目だから、自分がいなくてももう大丈夫、なのでご自身は引退するといわれました。

壊された結界を水晶で修復する

御神事につきましては、他にも、水晶を用いて壊された結界を修復している人たちがいます。

僕が岡山で主宰していた道場の門人に、広島の竹原出身の人がおり、神様からいわれて、47都道府県全部に水晶を埋めてくるというお役目を背負っているとのことでした。

僕が彼に出会った当時、すでに水晶を埋めた都道府県は30ぐらいだったそうです。

神様は、どこに埋めるべきかまでは教えてくれません。埋める場所は時期が来たらわかるということで、行くと、導かれるようにその場所にたどり着くといいます。

その方がどういうわけか、岡山にあった僕の道場に、広島からときどき稽古に来てくださっており、僕の門人でもありました。

神様からのお告げで、僕と交流がある状態を維持しておかなければいけないそうです。


彼が神様から初めて使命を授かったのは、地元の駅前でした。

駅前で、奥さんがなにかヤクザに因縁をつけられていたのです。それですぐに近寄って謝ったのですが、ヤクザはさらにからんできました。

謝れば謝るほど、因縁が激しくなってきます。ヤクザは、相手が先に手を出すのを待つのが常套手段なのですが、その人があまりに平身低頭ばかりしているものだから、ヤクザのほうが業を煮やして殴りかかってきたのです。


そのとき、その人の周囲にカゲロウが飛んできたそうです。カゲロウはとても寿命が短く、昆虫の中でも最も儚《はかな》い命だと聞いていたので、ヤクザの拳《こぶし》に当たって死んでしまってはかわいそうだと、追い払うために軽く手を振ったら、その手がヤクザの拳に当たって、ヤクザが簡単に倒れました。

ヤクザが余計にカッとなってまた殴りかかってくると、またカゲロウが飛び回る……それを払うとまたヤクザに当たって……という繰り返しだったといいます。

そのうちに警察がやってきて、ヤクザがやられているので最初は門人を捕まえようとしたのですが、見物人たちが「違う違う」とかばってくれ、ことなきを得ました。


不思議だなと思っていたら、頭の中に神様が現れてきて、使命を伝えられました。この日本を守るために、各都道府県に水晶を埋めなさいと。カゲロウを飛ばしたのは神様で、その人を守るためだったのだそうです。

ただ、神様は全国を回る旅費も、水晶を買うお金もくださるわけではないので、自腹で活動を続けているといいます。

いろいろと苦労があってときどき落ち込むときに、保江邦夫という人間と交流を持っておけば、神様の使命をまっとうできそうだと直感したのだと。

それからはわりと頻繁に道場に来てくれて、稽古が終わった後にときたま一緒に飲みに行くと、そんな話を教えてくれました。

僕は、7年前に岡山を離れて東京に来ました。それ以来会っていないのですが、残り17個くらいなら、もう完了しているように思います。

夢枕に神様が立たれたり、神様のお言葉を聞いたりして彼のような活動をしている人は多くいます。その人以外にも、あと2、3人は知っています。

とはいえ、僕までがそうしたことをするなどとはまったく思ってもいなかったのですが、僕の講演会に参加した男性が、神様からの伝言を受け取ることができる女性から僕への手紙を預かってきたのです。

それには、8月10日までに、気仙沼に水晶を沈めなさい、それが僕のお役目だと書かれていました。

「なにをバカなことを」と思ったのですが、ちょうどその日は、少し体調が優れなかったことがあり、「そういえばピラミッド型の水晶をもらっていたな」と思い出して、体調をよくできるかもしれないと財布に入れていた日でした。

そんな日にそんな手紙が届いたということは、それを気仙沼に投げろということだと感じました（詳細は、拙著『神代到来――誰もが手にする神通力と合気』〈海鳴社〉参照）。

それを実践すると、その見ず知らずの女性から、8月末にまたお手紙をいただきました。

僕が気仙沼でお役目を果たしたことはいっていないのに、あなたが依頼どおりに気仙沼に水晶を沈めてくれたから、モンゴルに集結していた黒魔術師による、日本を貶《おとし》めようとする計画が阻止されたと。

それから毎年、水晶を用いて北斗七星の結界を張れとか、一直線上のレイラインの結界を復旧しろなどというミッションが届きます。もともと持っている水晶はないのに、三木家の巫女様が、1年に1回、水晶をくださるのです。

その数は、8個のときもあれば10数個のときもありますが、次の御神事に使いなさいと言付けられます。

結界を修復するために、様々なところへ行きました。九州の南の端から北の端。本州の出雲大社から轟神社、石室神社、榛名神社、御崎神社等々。沖縄以外は、かなりの地域を網羅しています。

北海道には、昨年（2022年）の年末に札幌近辺に結界を張り直しに行きました。実は札幌はもともと、北海道の結界なのだそうです。

佐賀の鍋島のお殿様が、明治陛下の御命令により北海道をロシアに占拠されないようにするために、明治維新後に結界を張ったといいます。

札幌が、京都と同じく碁盤の目のような造りになっているのはそのためです。その造りは陰陽師の作法に則っており、裏の京都なのですね。

裏京都を北海道の要にすることで、北海道を護っているのです。

札幌の手稲《ていね》山にある北海道神宮が要となって、ロシアだけでなく、中国、その他の国に対する防御にもなっています。

そして、先述のように2021年8月には青森へ行って、岩城山神社の裏にある白龍神社に水晶を沈めてきました。

このいちばん大きい結界が完成したのが、8月8日だったのです。

無知な研究者が発生させた空間の歪《ひず》みを修復する

今上陛下の祈りの補助として伯家神道の祝之神事を細々と続けるのも、水晶を使って日本の各地に結界を張り巡らせていくのも、微力ながらも日本を護ることにつながると思って続けています。

いろいろな要因が重なり合って、京都での祝之神事は続けていくことが難しくなっていましたが、巫女の一人の話では、京都御所の北にある、祝之神事を執り行っていた場所がおかしくなっているということでした。

御神事をした直後にはもとの状態に戻るのですが、翌々日にはかなりひどい状態になってしまい、敏感な巫女だと吐き気がするそうです。

僕が別件でその場所に行ったときに、「次の御神事の前に少しお祓《はら》いしてほしい」といわれて、さまざまな方法でお祓いをしてみましたが、半日ともたないのです。

まず、伊勢神宮にもあるような白い玉石が敷いてあるのですが、下のほうから赤さび色になってくるのです。

塩を使ってお祓いをして、そのときは戻るのですが、2日ぐらいすると同じような状態に戻ってしまいます。雨が当たる場所でもないので、変だなと思っていました。

始まったのは、ここ3年ぐらい、ちょうど新型コロナウイルス感染症の患者が現れる直前ぐらいからです。

京都御所の北側には水脈があって、御所の井戸水はそこを通って湧き出ています。異物が入ってもわかるように、井戸水はいったん御所の北側の植物にあげて、もし植物に異変があったらすぐに使用を停止するようになっています。

それなのに、地面が露出しているところに敷き詰めてある白い玉石に、赤さび色が出てくるのです。ということは、植物は枯れていませんが、地下水脈が汚染されていることになります。

巫女の具合が悪くなることもあるので、大阪の霊能力者に相談してみてもらったら、京都の上空に、異界につながる扉が開いてしまっているというのです。そこから、魔の存在が京都に流れ込んできているそうです。

京都での祝之神事を邪魔しているのもその存在でした。祝之神事をしていないときも、京都御所を護る肝心要の場所を侵食しているのです。

第二次世界大戦の終戦直後に、マッカーサーは昭和陛下が、どのようにして原爆初号機を搭載した戦略爆撃機B29を消したのかを聞きだしました（拙著『祈りが護る國―

―アラヒトガミの霊力をふたたび』〈明窓出版〉参照）。

連合国による四分割統治を止めて、日本をアメリカだけで占領統治した上で再び独立国にさせてやるという条件と引き換えに、昭和陛下はその情報を引き渡したのです。

それをアメリカに持ち帰って、当時、原爆を作るために集結させていた、マンハッタン計画に関わる超一流の物理学者や数学者に研究させました。

アメリカは、天皇陛下でなくても同じことができるようにしたいと目論んでいました。

そこで、当時はまだ企業として小さかったＩＢＭが作ったコンピューターを使って、天皇陛下のように物体を消したり、異次元とのつながりを生み出したりする能力を再現しようとしました。


時間はかかりましたが、それがようやく完成して、初めて使ったのは、『祈りが護る國――アラヒトガミの霊力をふたたび』で書いたとおり、オバマ大統領の頃に起こったマレーシア航空３７０便の消失事故です。

その後、この「ＡＩエンペラー（＊僕の造語です）」の研究はずっと続いていました。

旅客機をうまく異世界に飛ばすことができたので、さらに研究を進め、何回も実験を重ねていきました。

研究をしている場所は、アメリカとカナダの境界、ワシントン州の周辺で、いわゆるミステリースポットと見なされているエリアです。

鳥たちの磁気コンパスが狂って飛べなくなるとか、人が入り込むと方向感覚がわからなくなるとか、ボールが坂の下から上に転がっていくなどなど、不思議な現象が起こるのです。

UFOや宇宙人がよく出没することでも、有名な場所です。

そんなところに、AIエンペラーの研究施設があるのです。そこでは、異世界へのゲートを作っていました。

実態としては、そのために近辺にミステリースポットが生まれていたのです。

それから、ワシントン州からオレゴン州をはさんだ向こうにあるカリフォルニア州北部には、シャスタ山があります。

そこも、ＵＦＯが出る場所とされており、シャスタ山がパワースポットと呼ばれているのも、そうした実験の影響なのです。

そして、実験をし続けたために、数年前から上空に、異界とのゲートが開いてしまったのです。

その上、この技術はもともと京都を護るためのものなので、同じゲートが京都にも開いているということを、先述の大阪の霊能力者が見つけてくれたのですね。

その方が仮止めをしてくれましたが、完全ではないのでまだ魔の存在がやって来ているというのです。

たとえていうなら、洪水のときにその場しのぎの土嚢《どのう》を積んだ程度の状態だったために、そのゲートを僕に塞《ふさ》いでくれという要望が巫女の一人から伝えられました。

水晶を撒いて結界を修復するという陰陽師の作法については、僕もある程度は経験を積んでいますが、ＡＩエンペラーの暴走で開いた魔界とのゲートを閉じる作法なんて知るわけもありません。

頼まれても困ると思いましたが、他にできる人もいないので、引き受けることになりました。


実は、明治維新の時代、当時の天皇も、鍋島藩も薩長も、霊的な準備をしたそうです。そのために利用したのが、八坂神社でした。

八坂神社の中に、祠《ほこら》があります。それは、当時の陛下と鍋島の殿様が設えたもので、諸外国が日本を植民地化しようとする動きを封じ込めるものだったそうです。

この話を教えてくださったのは、宮内庁の方でした。


八坂神社の巫女舞は、実は祇園の芸舞妓の日常的な京舞そのものなのです。

もともと京都は、魑魅魍魎《ちみもうりょう》が集う場所といわれており、その出入りが一番多いのが祇園なので、それらを抑え込むために巫女舞をやってきたのです。

ですから、八坂神社で御神事をすれば、ＡＩエンペラーが生み出したひび割れを修復することができるのではないかと思ったのです。

そこで、料亭に芸舞妓さんを呼んで巫女舞をお願いしました。ほぼうまくいったのですが、思いがけないことも一つありました。参加されていた女性が、途中で具合が悪くなってしまったのです。

会の最中は誰も彼女がいなくなったことに気がつかず、結局、終わってから、気分が悪くなった女性がトイレに駆け込んでそのままお開きになっていたとわかりました。

御神事を兼ねたお座敷でそんなことが起こったということは、効果が薄かったのかもしれないと気になり始め、巫女からも引っかかるものが残っていたと聞いて、どうしたらいいだろうと困惑してしまいました。

ところが、次の日の朝、あることをひらめきました。次元の割れ目を修復するための場所が、京都をずっと遠くから見守ることができる京都以外のどこかに、平安京の時代からあるに違いないと……。

何人かの巫女に聞いてみたところ、どうも宇治らしいとわかりました。

平安時代は物流も人の流れも、船が主でした。瀬戸内海を船で渡り、淀川を遡《さかのぼ》って宇治川で陸揚げし、そこから京都に運ばれていったのです。

ですから、もともとは宇治が正式な京都の入口だったのです。

そこで、さらに宇治のどこでやればよいのかと聞くと、その場所は昔に造られていた、宇治上神社でした。

「うじがみ」とは氏神のことなのですが、わざと宇治という文字を当てて宇治上神社という名前になっていました。


行ってみると、宇治上神社は観光客にはあまり知られていないようで、参拝者も少なく、落ち着いた場所でした。

近くに宇治神社という神社もあって、観光客はそちらに行くようです。宇治神社の奥の宮という感じなのが、宇治上神社です。

一般的な京都の神社とは雰囲気がまったく違い、精妙な場所で、平等院鳳凰堂のそばでもあり、ここならいいだろうと御神事を執り行いました。

その後、巫女に聞くと、次元の割れ目はかなり修復されているとのことでした。

しかし、肝心のＡＩエンペラーはどうすることもできないので、またアメリカが変な実験をすると、その副作用として京都に次元の穴が開くわけです。根本的な解決のためにはそれを止めさせる必要がありますが、我々にはどうしようもないのです。

アメリカでは近年、送電設備を狙ったテロや、ライフル乱射事件が頻繁に起こっており、おかしな空気になっています。人種差別、ジェンダー差別、マイノリティとそうでない人たちの間の軋轢《あつれき》もますます激しくなりました。

そのようにアメリカがボロボロになってきたのは、異界との間にゲートが開いているからです。そこから魔物が入り込んでいるために、どんどんダメになっているのです。

アメリカはもちろん、そんなことをオープンにしませんし、それを僕が主張したところで、信用してもらえないでしょう。

けれども、少なくとも日本だけは護らなくてはいけません。今上陛下だけではご負担があまりに大きすぎるので、伯家神道や陰陽師の人たち、あるいは神様からご指名をいただいた人たちが、ご負担を少しでも減らすように動いている、というのが現状です。

どのように日本を護るかについては、僕が分霊を授かっているシリウス宇宙連合司令官アシュターが、

「昔ながらのお作法でやるのもいいが、いまからはお前がやるものが新しい作法になる。だから自在にやれ」といってくれたので、少しほっとしました。

アシュターの忠告とハトホルの秘儀

2022年12月2日には、淡路島の洲本にあるホテルニューアワジに数人で行きました。

そこは、ユダヤ人が4000年から6000年ぐらい前に初めて日本に上陸した場所だと

いわれているのです。

岸壁に記念碑のようなものが立っていて、その脇にある離れのような立派な建物に泊まり、宴会をしました。

夜の10時半ごろお開きになり、部屋に戻りました。一階と二階がある、メゾネットタイプのリッチな部屋です。

大阪の秘書と名古屋の秘書と僕の3人で、僕は二階、秘書たちは一階で寝ることになりましたが、僕はすぐに寝付けなかったので、窓の外を見ていました。

オリオン座とシリウスを見つけたので、秘書たちを二階に呼んで3人でずっと星を眺めていると、流れ星が見えました。

そのうち、巫女でもある大坂の秘書が、「ちょっと探ってみましょうか」といい出しました。彼女は、鍼を刺さない鍼治療という、服の上から離れたところを鍼や指先で走査して治療する不思議な施術をするのですが、窓の外に向かってちょうどそんな動きをしました。

すると、なんと宇宙人の気配があるというのです。

それで、いわれたほうに目をやると、ちょうどシリウスのある方向からUFOが出てきたのです。関西空港方面の空に赤い光が現れて、左に向かって動くのですが、パッと消えたり、また出てきたりしました。飛行機とは飛び方がまったく違います。

そこで、前にアシュターにいわれたことを思い出して、赤い光に対して「こっちに来い」と念じてみました。

すると、飛行機の10倍ぐらいの速さで洲本上空まで近づいてきて、それからゆっくりと動き始めました。来いと念じることで本当に近くに来たので、みんなで興奮してしまいました。

その2日後に、僕が主催している合気道の年末の稽古納めがあり、関西や青森などから人が来て、久しぶりに賑わいました。せっかく大勢が集まるのですから、なにかおもしろいことをしたいなと思いました。

そこで、以前から話している「合気とは相手を愛すること」という話ではなく、もっと具体的に落とし込めるように、「自分の本質を外に広げて空間に溶け込ませよう」といったのです。

もちろん、みんなすぐにはできませんし、本当は僕も手探り状態で、まだはっきりとは感覚がつかめていませんでした。自分の本質、魂のようなものが、体の外にまで広がっていることを実感する方法がなかったからです。

ところが、ふとひらめいて、道場の受付作業をしてくれている東京の第2秘書を呼んで、みんなの前でハグをしたのです。すると、自分の本質が外に出ているのが実感としてわかりました。

その後にすぐ、待機していた門人に技をかけたら、簡単に投げ飛ばすことができたのです。努力して外に広げようとしているときは手間も時間もかかったのが、彼女とハグしただけですぐにうまくいったわけです。

すると、いつも稽古を見守ってくれている東京の第1秘書が、

「女性だったら誰とハグしてもできるのですか？」と聞くので試してみたのですが、うまくいきませんでした。

なぜだろうと考えていたら、第1秘書が「わかる気がする」といいました。

彼女は非常に警戒心が強く、無防備な状態には決してなれないそうです。だから相手が、気心が知れた僕であっても、ハグのときは緊張するのだそうです。

一方、うまくいったほうの第2秘書は無邪気だし、実は僕が教鞭を執っていた女子大の卒業生だったために僕との付き合いもずっと長いので、その差ではないかとのことでした。

稽古の翌朝に目覚めた瞬間、「これがハトホルの秘儀だ」と確信できました。まるで神様が教えてくださったかのように！

ハトホルの秘儀は、『ダ・ヴィンチ・コード』でもヒロインの祖父が地下室で若い女性とまぐわっていたように、男女が交わることだと秘密結社のフリーメイソンでは思われているようです。

ある日本のスピリチュアル系雑誌にも、男女のまぐわいでスピリチュアリティが高まると書いてありました。

僕は以前からハトホルの秘儀に興味があり、その秘儀を習得すれば「合気道」の「合気」の本質である「愛魂《あいき》」を体現できる、つまり、愛で相手を倒すことができるようになると思っていました。

そして、伯家神道の巫女様も、「祝之神事は、エジプト時代にピラミッドで行われていた秘儀です」と教えてくださっていたので、実際に姪を伴ってピラミッドに行ってみたのです。

とはいえ、姪はそうした男女の愛の対象外ですから、ギザの大ピラミッドの王の間の中で赤色花崗岩でできた壁を背にして単に2人で並んで立っていただけなのですが。

マグダラのマリアとイエスがハトホルの秘儀をしたのは、事実だと思います。ただ、それがどういうものだったかは、失伝しています。

それが、朝起きたときにふっとおりてきたのです。

ハグしたことで僕の魂が周囲の空間に広がっていったのは、まさしくハトホルの秘儀でした。

しかし、それには相手を選ぶ必要があり、キリストにとってのハトホルの秘儀の相手は、マグダラのマリアでした。

そして、今生の僕にとっては、姪やその第2秘書だったのかもしれません。

彼女の魂とは、その秘儀の少し前から一体化しているのを感じていたのですが、その上でさらに魂が広がっていました。

この感覚は僕も初めてですが、それまでの僕が愛魂という技をかけたときには、自分一人でなんとかこの状態を作り出していたということもわかりました。

努力しなければできなかったことなのですが、彼女とハグをすれば、努力なしでそれが達成されるのです。

ところが、この稽古のあった日曜日の早朝、怖い夢で目が覚めていました。

夢の中で、僕は道場で門人たちと稽古をしていました。すると、第2秘書が、

「壁の上のほうになにか白い光るものがあります」といい出しました。

彼女がジャンプして光っているものに手を触れると、その途端、彼女の体に光が入り、金色のオーラをまとって光り始めたのです。

そして振り返った彼女は鬼のような形相で、卑弥呼のような服装に変わっており、なぜか宙に浮いたまま僕の前にやってきました。


その雰囲気があまりに恐いので、僕は彼女が魔物かなにかに取り憑かれたのかと思って、すぐに祝詞を奏上しようとしました。ところが、体が固まって声が出ないのです。

これはまずいと思い、陰陽師だった祖母に習った金縛りを解く技をやろうとしたのですが、動けません。

そして、やっと口から祝詞が少しだけ出た瞬間、僕はバタンと後ろ向きに倒れ、その上を彼女が浮いたまま、通っていくという夢でした。


その夢の中では、道場の中の景色や建物の具合が現実とそっくりだったのです。

不思議に思って、稽古が始まる前にそのことを話しました。みんなケラケラ笑っていたのですが、その日に僕が第2秘書当人とハグすることで、新しい理解が得られたのです。しかもその翌朝には、あれがハトホルの秘儀だったとわかったわけです。

以前、エジプトまで行って、ピラミッドの中でハトホルの秘儀をしたのですが、本当は単にハグをすればよかっただけのことでした。

けれども、これがわかったのも、淡路島でUFOがすぐそばまで来てくれたおかげだと思いますし、ひいてはアシュターのおかげなのです。

というのは、その日の前夜、メールで面白いメッセージが届いていました。

道場の古い門人で、コロナ以前から来なくなっていた年配の男性からのものです。

「自分は覚醒しました。アシュターからの伝言がありますので、明日の道場に伺います。3分だけお時間をください」と。

このようなことがあった少し前の11月末に、シリウス宇宙連合司令官のアシュターが憑依してくる女性と会い、アシュターから多くの貴重な教えを受け取っていましたが、今度はなにを伝えたいのだろうと少し楽しみにしていたのに、結局、その古い門人は道場に現れなかったのです。

不思議に思ったのですが、ひょっとしてアシュターからの伝言とは、第2秘書とハグしてみろということだったのかもしれません。

その後に見るとメッセージは消えていて、もう連絡もとれませんが、アシュターが僕に伝えたかったのは、きっとそのことだろうと思ったのです。


ところが、ところが、なのです！　アシュター司令官が伝えたかったことは、その稽古の日に目覚める前に見ていた夢に出てきた第2秘書が持っていた、恐怖のイメージがほのめかしていた驚くべき事実だったのです。

実は、11月末にアシュターが教えてくれた内容の多くは、2023年夏に発刊予定の拙著『シリウス宇宙連合アシュター司令官・保江邦夫緊急指令対談』（仮題　明窓出版）

で公開するのですが、僕や僕の周囲の人たちについての個人的なことまでは当然ながら記してはいません。

その中にあったのが、今回のキーパーソンになっていた第2秘書についてアシュターがサラリとコメントしていた忠告でした。

それは、「君は東京の第2秘書を信頼しているようだが、その子はそれに値する存在ではない」というものであり、そのときまでの僕にはとても信じられないものだったのです。

もちろん、アシュターからこのことを聞いていたこともすぐに忘れてしまって、それまでどおりに信じていたほどですから。

そんな僕の危うい状況を察知したアシュター司令官が僕に再度忠告するために、あの日に夢の中で第2秘書の怖さを見せてくれたのではないでしょうか。

しかも、前夜に古い門人からアシュターからの伝言を明日伝えるというメールを僕に送らせることまでして！

朝方の夢でそれを伝えていたわけですから、その門人が結局は稽古に現れなかったのも当然といえば当然ですね。

だが、but、しかし！

それでも僕はまったくなにも気づかぬままだったのですが、以前からその子が僕の知らないところでいろいろ画策していたという事実がその後になって徐々に露呈してきました。おかげで、いくら鈍い僕でもようやく真実を見出すことができ、無事に善後策を講じることができたのです。

パート3　日本を護る防人になるために

「なにかのマチガイ」を止めない

僕が、京都大学の大学院生だった頃の指導教官は、少し了見の狭い人でした。重箱の隅をつつくような、地味でつまらない研究をしていて、大学院生にも半ばそれを強要していました。

僕たち大学院生は、晴れて京大の理論物理の大学院に入学して、湯川秀樹先生や朝永振一郎先生のように、世界を仰天させるような大きいことをやりたいと思っていたのです。

でも、その教官は重箱の隅をつつく手伝いをやらせようとするわけです。

だから最後には、「あなたとは話が合わない」と大げんかになりました。

それが大学院側にわかると指導教官は、「院生の指導がうまくできていない」と評価が下がってしまい、研究費も削られてしまいます。

そのため先生は焦って、

「いやいや、君は甘いんだよ。いまや、アインシュタインや湯川先生のように、すごい理論を一人で考えられるような時代じゃないんだ」といってきます。

そして、僕が友達と一緒に飲みに行くときにまで、呼んでもないのについてくるのです。

最初は無視して飲んでいましたが、そうはいっても指導教官ですから、彼の許可がないと博士号はもらえません。


そこで、どこの研究室に行けば僕の夢を追えるだろうかと思って調べてみると、湯川先生の友人である理論物理学者の高林武彦先生が、名古屋大学にいらっしゃるとわかりました。

もう、そこに行くしかないと思ったのです。

幸い、名古屋大学大学院には編入制度があったので、2日間にわたる試験になんとか合格し、無事に編入することができました。

これは、引っ越すための部屋を探しに京都から名古屋まで行き、当時、名古屋大学の最寄り駅だった本山駅まで地下鉄に乗ったときの話です。

地下鉄に揺られていると、栄駅からとびっきりの美人が乗ってきて、ちょうど僕の向かい側の席に座りました。

そして、彼女は覚王山駅という目的地の二つ前の駅で降りたのですが、なぜか僕の体は勝手に動いて、つられるように電車を降りてしまいました。

目的地まであと二駅あるのに、どうして降りてしまったのだろうと自分でも驚きながら、その子が改札を出ていくのを見て、とにかくついて行くことにしました。

真後ろを歩くのはさすがに憚《はばか》られるのである程度の距離を空けましたが、まるでストーカーのようですね（笑）。

彼女は地上出口に向かい、僕も追いかけるように階段を小走りに上がっていきましたが、出口に着くと、なんと、どこにも彼女がいません。6、7メートル先ぐらいを歩いていると思っていたのでキョロキョロ見回しましたが、まったく見当たらないのです。おかしいなと思って少し行ったり来たりしていましたが、結局、見つかりませんでした。

そのときにふと我に返り、「なんでこんな馬鹿げたことをしたのだろう」と思いました。

そして、もう一回地下鉄に乗って、今度はちゃんと本山駅に行こうと思いつつふと見ると、小さな不動産屋があったのです。昔ながらの、地元の不動産屋です。


「まあ、ここで部屋を探してもらってみよう」と入ってみると、親子らしきおばさんとおばあさんがいました。

「ご用件はなんですか?」といわれたので、

「住むところを探しにきたんです。名古屋大学大学院にこの春から行くことになったのですが、どのあたりが住みやすいでしょうか?」と聞きました。

どの学部に通うのかなど、少し詳細を話していると、

「条件にぴったりの物件があるよ。とにかく安いし、なにより名古屋大学理学部の物理教室の隣なのよ。他の不動産屋に行ってもこの物件の扱いはないよ」というのです。

「おいくらですか?」と聞くと、台所と和室、トイレとお風呂まで付いて1万円でした。

50年ほど前の当時では、名古屋の中心で3、4万円くらいが相場でしたから、もう、破格の安さです。

そこで、ぜひその部屋を見せてもらいたいと案内してもらいました。

大学から細い道路を一本挟んだ向かいに、「おちょぼ稲荷」と呼ばれている神社があって、物件はその境内にありました。

もともとはおそらく、用務員の方が住んでいたような小屋でした。

屋根は波型のトタンで、雨が当たるとパランパランと音がします。夏は、トタンで卵焼きができそうなほど暑いところです。

そのトタン屋根の下は台所とお風呂で、畳のある部屋は瓦葺きでした。建てたときは休憩のための部屋だったのですが、住み込みで働くのに台所とお風呂が必要になり、トタン屋根を載せて増設したそうです。だから、1万円という安さだったのです。

その増設部分のボロさを見たときには少々躊躇しましたが、当時の奨学金が5万円ほどだったので、家賃が1万円ですむのは大助かりでしたから、とにかく借りることにしました。

後でわかったのですが、この神社の正式な名前は「千代保《ちよほ》稲荷」で、ご近所さんからは愛称として「おちょぼ稲荷」と呼ばれていたのです。

由緒正しい神社でしたが、不気味なくらい静かでした。入ってくるのはせいぜい賽銭泥棒くらいです。

住んでみてわかったのですが、大学が近いのは本当に便利で、研究もずいぶん捗《はかど》りました。

僕が師事した高林先生はほとんど大学に出てこないで、「好きにやればいいよ。なにをやっても、ハンコは押すから」と、自由に研究させてくれました。

おかげさまで論文もたくさん書けて、その後、縁あってスイスのジュネーブ大学で教えることができるようになったのです。

おちょぼ稲荷の小屋に住んでいなかったら、きっとこうはいかなかったでしょう。電車に乗って通学していたら、大学に行くのも面倒になったと思いますが、大学が隣ですから割とまともにセミナーや研究会に出ていました。

調べものがあってもすぐに図書室に行って文献を調べられましたし、本当にいい環境でした。ここに住めたのが、僕の人生において最初の良き思い出です。

一般的には、新入生は大学の学生課に行って大学近くの物件を探してもらいます。僕もそのつもりでしたが、美女を追って覚王山駅で降り、ふと見ると不動産屋があり、いい物件を紹介してもらって、すぐに契約もできました。

もしあのとき、あの美女が乗り込んでこなかったら、そのまま本山駅まで行って、学生課でどこかのアパートを斡旋してもらったでしょう。

もちろん、おちょぼ稲荷の小屋は紹介されませんし、そうしたらいまの人生にいたっていないと思います。

普通なら、「しまった」とすぐに駅に引き返して、次の電車に乗りますね。

それなのに、あの小さな不動産屋さんに寄ったということが、その後の僕の人生を示唆していた気がします。

つまり、自分の体が勝手に動いたり、ふと言葉が出たり、急に思いついて決断したりするときには、きっとなにか意味があるのです。

僕たちは、「しまった」と思ったらやり直すのが正しい対応だと思い込まされていますが、実はそんなことはありません。引き返さなくてよいのです。

「しまった」と思っても、その流れでもう少し続けてみる……、軌道修正せずに、そのまま行けるところまで行ってみたり、その間違いの流れに乗ってみるのが吉です。

その先にはきっとよいことがあると、僕は経験者として強く思います。

「なにかのマチガイ」と思うこと

京都大学の大学院で指導教官と大げんかをして、なんとかして脱出しようと思い立ったわけですが、すぐに高林武彦先生に出会えたわけではありませんでした。

なかなかよい指導教官が見つからず、最初は、ノーベル賞を受賞した「量子論の父」といわれているフランスのド・ブロイという先生のところに行こうとしていました。

そのためには、フランス政府主催の国費留学生の試験に合格する必要があったのです。試験は、幸いなことに京都でも受けられたのですが、筆記試験はなく、大事なのは面接でした。

事前に、学びたいことをフランス語で書いた資料を提出して、面接で決まります。

当時の僕は、フランス語はある程度できました。大学で学んでいたわけではないのですが、大学院1年生のときに、周りが男ばかりの物理学教室だから若い女性がいる環境に身を置きたいと思って、フランス語会話の学校で勉強していたからです。

京大のキャンパスの隣に、関西日仏学館というフランス政府が運営している施設があって、そこに女子大生がたくさん集まっていました。

なにをやっているのかと思って中に入ってみると、フランス語会話の初級講座もあったので、それなら自分もフランス語を勉強してみようと、通い始めたのです。

すると、1クラス12、3人いる生徒の中で、男は僕だけでした。

あとは、女子大の子ばかりで、先生もフランスから派遣された、若くて綺麗な金髪女性でした。

女子大生たちの前で先生に質問されて答えられないのでは格好悪いので、生まれて初めて予習していきました。

質問にすぐに答えると、みんな羨望の目で見てくれるし、先生も、「クニオはよくわかっていますね」と褒めてくれるのでいい気分でした。

そんなわけで、フランス語はある程度はできたので、試験も大丈夫だろうと高をくくっていました。面接官もフランス人だろうと思って気楽に行ってみると、なんと全員が日本人だったのです。しかも、京大の物理学教室の先生もいたのです。

ノーベル物理学賞受賞者のもとに行きたいというから、フランス政府が気を利かせて物理学の教授を呼んでいたのでしょう。

結局、「お前がフランスに行くなぞけしからん」とその先生を怒らせてしまったので、留学はお流れになりました。

そうしてフランスに行く夢が絶たれたので別の道を探すことになり、名古屋大学大学院の編入試験を受けるという流れができたのです。

名古屋大学では、博士号を取るまでの間に、アメリカの名のある学会誌に8本の英語論文を発表しましたので、名古屋大学始まって以来の快挙だと、大学からは非常に喜ばれました。

そのおかげもあって、スイスのジュネーブ大学理論物理学科に講師として行けることになったわけです。

その頃には、ド・ブロイ先生はもうお亡くなりになっていたのですが、共同研究者から手紙をもらい、ジュネーブで研究ができました。

国費留学生の試験官がフランス人だけで、しかも物理学者ではない普通の役人の面接だったら、ひょっとして合格してフランスに行けていたかもしれません。

しかし、その道がなくなったから、名古屋大学に行くという道が開けたのです。

これも、「なにかのマチガイ」です。

国費留学が不合格になった夜は、夢が完全に絶たれたと思ってけっこう酒を飲みました。

そして、スイスに行けることになるまで、ずっとその京大の先生を恨んでいました。あいつのせいで夢が壊されたと。

でも実際は、そのおかげで名古屋大学大学院に行くことになったわけです。

そして、地下鉄に美女が乗ってきて、その後を追ったら、理想の研究環境が手に入った……、素晴らしい未来に導かれていたのですね。

人生を振り返ってみると、節目節目で挫折ばかりでした。そのときには、自暴自棄な気持ちもあったと思います。

名古屋大学に行くことには、父親が大反対していました。

「せっかく京都大学に入れたのに、なぜ名古屋大学に編入するんだ。博士号を取れなくても、京大の大学院を卒業したほうが、潰しがきくじゃないか」と。

僕自身、実際に部屋を探しにいくときも、「京大に残っていれば、指導教官が途中で変わるかもしれないし、博士号だって取れるかもしれない」という迷いが残っていました。

名古屋大学に編入することを、まだ決めきれていなかったのです。世間から見れば、京大のほうが名は通っているし、一緒に学んでいた中込照明君も京大にいましたから。

ですから、名古屋に着いても、「今日はどうしても住むところを見つけるぞ」という気持ちではありませんでした。

日帰りで名古屋に行ってみたけれど、家が見つからなかったというのを口実に、京都に残るという考えも少しはありました。

そんな僕の思考の外で、美女が出現し、不動産屋に導かれたことで破格の値段で大学の研究室のすぐ隣に住めるようにしてくれました。

あの美女は、やはり天使だったのでしょうか。頭が停止したときにはいまだに、ふとその場面がよみがえるのです。

よく、成功の方程式、人生がうまくいく方程式があると聞きます。野球でも、勝利の方程式という言葉があります。

僕が初めて見つけた成功の方程式は、無意識に体が動いたとか、なんの気なしに発言したときに、それを取り消さないということです。

そのときはどんなに恥をかこうと、大きな損をしようと、取り消さないほうがよりよい展開があるのです。

やりたくないことはやらない

一般的に、優しい人を嫌う人はいません。「好みのタイプはどんな人？」という質問に、「優しくて〜」と筆頭条件に上げる人も多いと思います。

けれども、優しさの裏には、人間としての厳しさという裏付けが必要です。

僕は最近、終活の一環としていい言葉を残したいと思っているので、映画を毎日見て、心に響くようなセリフを手帳に控えています。


僕の知り合いには、看取り士という仕事をしている人がいます。

看取り士の仕事というのは、人が死にゆくときに、共にいて見守ってあげることです。

そうしたシーンのある映画は多いのですが、中でも心に残ったのは、『最高の人生の見つけ方』というハリウッド映画のセリフです。

そのセリフが、次の文にある「残された時間を共にすごすことの優しさ」です。

ラストのお葬式の場面で、ジャック・ニコルソンが、「残された時間を共にすごすことの優しさ」について語ります。

優しさとはこういうことだなと、心に染み渡るような名ゼリフが感動を誘いました。


世の中には、人に優しい利他的な人も大勢いますが、それだけではなく、自分にも優しい必要があります。

なぜなら、自分に厳しすぎる人はなにか失敗などすると自身が許せなくて、「俺はなんてダメな人間なんだ」と自分を追い込んでしまう傾向があるからです。

営業職なら、業績がトップでないといけない、体を鍛えるには、1日に腕立て伏せを200回やらないといけない、など、そうした目標に向けて、ストイックに努力を続けられる人もたしかにいます。

けれども、結局は目標を達成できない人のほうが、はるかに多いのです。


そうなると、自分は決めたことの半分もできていないなどと落ち込みます。

それが積み重なっていくと自己評価が下がっていき、うつ病になったり、極端に走ると自殺してしまったりします。あるいは、指示されたことしかできない人になる可能性も高くなります。

その理由は、自分に厳しすぎるせいだと僕は思っています。

その根底にあるのが、いまの教育です。幼稚園の頃から朝8時30分には園に着いて、小学校からはひたすら勉強を繰り返します。

この習慣を幼少期から植え付けていれば、軍隊でもすぐに対応できますね。あるいは工場のラインでもロボットのように働き、国力を増大させる道具にできるわけです。

日本の教育は、毎日、同じことの繰り返しです。

その結果、いわれたことだけやって、自分で考えるのを放棄する人間になるのです。

一昔前もその傾向はありましたが、困ったときには、周りの人たちが助けていました。いまは、自分で判断できなったらスマホを使うのが問題ですね。特に若い人は、スマホを手放せなくなっています。

インターネットで検索すると、それなりの答えは出てきますが、それに従って行動するのみでは、「なにかのマチガイ」によって得られるチャンスを逃す確率が非常に大きいのです。

僕は、若者たちを良い方向へ導くことができるなにかがあるとしたら、それはなんだろうかとずっと考えていたのですが、ようやくその答えが出ました。

それは、「やりたくないことはやらない」ということです。

日本の初等教育は、本人がやりたくないことでも、画一的にやらせています。

芸術や彫刻をやりたい人に、英語も数学も、社会も国語も叩き込んできましたが、本人がそれを好きでなければ無駄なのです。

例えば、算数の授業を聞いてみたけれどつまらないという人は、路上で走っていてもいいし、どろんこをいじっていてもいいのです。

子供の頃からお絵描きが好きな人は、とにかく絵を描いていればいい。いわゆる5教科については、必要にかられることがあればおのずと学びますから、大人になって困るようなことはまずありません。

先日、ヒジャブを正しく着けていなかったことで、イランのテヘランで女性が殺されるという事件がありました。

その後、日本でも大規模なデモが起き、その主張は、ヒジャブを着けるかどうかは自分で決めさせてほしいということでした。

ヒジャブを着けたい人もいるし、着けたくない人もいます。それなのに、国が強制するのは、国民にとっては選択の自由を奪われているということです。


子供も同じく、そのときにやりたいことだけをやる自由があると、僕は思っています。

もし子供が、買い物をするときに計算ができないと不便だなと感じれば、そのときに算数を学ぶことで、乾いた砂に水が染みわたるように身につくのです。

いくら学校で教えても、必要性を感じないときには理解ができないものです。

ですから、勉強したいと欲するタイミングが来るのを待つという、自由な学校教育があればよいと思います。

現在、実際にあるのは、全教科を等しく学んで、目標点が定められている教育システムです。嫌いな教科は点も悪くなりがちなので、教師や親からプレッシャーも与えられますし、自己評価がだんだん下がっていきます。

それを変えるためには、自分に優しくなる……、つまり、やりたくないことはやらなくていいという教育に変える必要があるのです。

自分に優しくなる

みんなと同じように朝起きて、満員電車で会社に行き、夜遅くまで働き、帰ったら寝るだけ……というような生活を、いつまでも繰り返す必要はありません。

それを長期間続けると、人間はそれが普通だと感じ、順応し、むしろ正常だと思い込んでしまいます。

その思い込みを破るのはなかなか大変ですが、思い切って今日からやめてもよいのです。世間から変な目で見られるとか、親が文句をいってくるとか、そんなことを気にする必要はありません。

結婚も同じで、僕が教鞭を執っていた女子大の卒業生を見る限り、両親に勧められて早めに結婚したような人は、離婚するのも早いようです。

中には結婚しない人もいますが、トータルで見ると、結婚しなかった人のほうが楽しそうにしています。

昔は女性が働く場所が少なかったから、当たり前のように結婚していましたが、いまは違います。ほとんどの場合、結婚した女性は愚痴が多く、結婚していない女性のほうが生き生きとしています。

「やりたくないことはやらない」ということは、「したくない結婚はしない」ということになります。

これも、自分への優しさです。

親や世間体を気にして結婚してしまうと、ろくなことになりません。ストレスも激増します。

僕の友人の話ですが、人への優しさやおおらかさが減り、笑顔もあまり見せなくなってきていました。

一緒に酒を飲んでも、なぜだか暗い……。それで、他の人がいないときに、「大丈夫?」と聞いてみました。

すると、どうも奥さんとうまくいっていないことが原因のようでした。

奥さんはまず、家事をほとんどしないそうです。掃除をしないので家は散らかりっぱなし、料理もスーパーの出来合いのお惣菜ばかりで、高校生の息子の弁当は、前夜のお惣菜の残りを詰めるだけです。

さらに、友人の財布に入っていたはずのお金が、ときどき消えるといいます。

周りの人はみな、

「離婚すればいいじゃないか」といっていました。僕も飲みながら、「明日、役所で離婚届の書類をもらってきて突き付けてやれ」といったら、彼もついに決意したようで、翌日、本当に離婚届をもらってきて、ハンコをついてくれるかどうか内心ドキドキしながら切り出すと、あっさりと承諾してくれたとのこと。

家はもともと友人の実家だったので、奥さんが出ていくと、同居していた彼の母親は大喜びだったそうです。

よくできたお母さんで、奥さんの悪口をいうことはまったくなかったのですが、「これでやっと家中の掃除ができる」とホッとしていました。

それまでは、掃除をしたら余計な手出しは無用と文句をいわれていたそうです。

いまは母親が友人の子供たちの食事も作ってくれているそうで、うまく回り始めました。

「続けたくない結婚生活は続けない」、つまり、「やりたくないことはやらない」ということは、仕事や友達付き合いなどのすべてに当てはまります。

「自分に優しいとは、やりたくないことはやらないこと」、それだけ覚えていれば十分です。ただ、そうはいっても、例えば親の介護が必要になったとき、「自分がやりたくないからやらなくていい」となってしまうと、家族みんなが困ります。

しかし、世の中には人を助けることにやりがいを覚える人もいて、これが適材適所なのですね。介護が天職の人にとっては、介護の仕事はやりたいことになります。

世間は未だ多様性を認めず、優等生をたくさん作ろうとしていますが、多様性がある社会は懐が深い……、いいかえれば、許容度が高いのです。

やりたくないことはやらない、やりたいことだけをやるという人ばかりになれば、みんながハッピーでいられます。

いま、国連では多様性を認める社会を作ろうと標榜していますが、本当の多様性とは、肌の色の違いやジェンダーを認める、というような表面的なことではありません。

生まれ持った才能を活かして、好きなこと、やりたいことだけをやる社会こそ、多様性に満ちています。

ただ、「やりたくない」ということが、本当は怖いとか、自分には無理だと最初からあきらめているときの言い訳になっていることもよくあります。

昔、旅行作家という職業がありました。テレビ番組で、外国に取材に行くような人たちです。

自由に海外を飛び回るそうした人たちは羨望の的でしたし、自分も行ってみたいと思う人もとても多かったと思います。

僕が学生の頃は、学問をする人たちは、大学院まで行ったら次は外国を目指していました。ほとんどの学生が、お金があればヨーロッパやアメリカに行って、有名な先生のもとで学びたいと希望していました。

僕もそんな人間の一人であり、実際に海外に行きました。

ところが、いまは外国の有名な先生のもとで研究をしようという大学院生はほとんどいません。理由を聞くと、直接行かなくても、ネットで調べられるからだそうです。わざわざアメリカやヨーロッパのような見知らぬ土地に行って、不自由を味わわなくてもいいだろうという考えなのです。

メールやオンライン通話で対談や意見交換もできますし、論文もすぐに手に入るから、行く必要がないというわけですね。


けれども、実際に学生によく話を聞いてみると、本音のところは違うようです。本当は、見知らぬ土地に行くのが怖いのです。

例えば、理系の大学院までいく現代の学生というのは、それまでずっと先生や親のいうとおりにやってきて、スムーズな人生を送っている人が多い。

そんな人たちが海外に行くと、まず、なにをどうすればいいのかがわかりません。行く前に、どんな準備が必要なのかもわかりません。

わからないことがストレスになるから行かないのですが、表向きの口実としては、「いまの時代に、わざわざ現地に行く必要はないじゃないですか」というのです。

しかし、本来ならぜひ行くべきです。

実際に先生と会って、酒を飲み交わしてああだこうだと議論して初めて、いろんなことが伝えられたり、共有できたりするものです。

幕末や明治維新の頃、黒船に忍び込んで密航してでもアメリカやイギリスに行こうとしていた、そんな気概のある若者たちはもういません。

韓国や中国の学生は、いまではアメリカの大学に留学枠がたくさんあります。日本人もどんどん行けばいいのに、現地にはほとんど行かなくなっているために、枠がせばめられてしまっています。

穿《うが》った見方をすれば、これは日本の教育の成果です。冒険などせずに、おとなしく日本で勉強するのが正しいように認識させられている……、若者はみな、骨抜きにされたというべきでしょう。

他国の若者の多くは、プーチン大統領の戦争行為を糾弾するために活動しています。

なにもしていないのは日本くらいで、ロシア大使館の前に詰めかける若者は誰もいません。

先述したイラン人女性が殺された事件の後は、他国ではイラン人ではない現地の人たちが、イラン大使館の前に詰めかけました。

ヨーロッパの有名な女性タレントや歌手が、髪を切って抗議している様子も目にしました。しかし、日本人にはまったく動きがありませんでしたね。


日本はある意味、鎖国と同じ状態です。

若者にとって、世界とはスマホの中にしかなく、近視眼的で、身の周りのことしか考えないようになってしまいました。

アメリカ人、ヨーロッパ人、アジアの他の国の若者は、スマホを通してもっと広い世界のことを見ています。

日本の若者は、SNSで互いに「いいね」を付け合ったり、罵り合うぐらいの卑近なことしかしていません。

表面上はみんないい子で優しいし、とても親切です。特に、僕が接することが多い、東京の子はみんな優しいようです。

でも、優しさの正しい使い方を知らず、無駄にしているように思えてなりません。

若者だけでなく、東京の人は優しくて、首都高に入るときなどは、どんなに渋滞していても必ず列に入れてくれます。岡山なら絶対に入れない……、でも岡山県民は自分が入るときは絶対に入ろうとするので、よく衝突しています（笑）。

僕も東京で運転しているときは入れてあげるのですが、岡山に帰った途端になぜか、「絶対に入れるもんか」と思ってしまいます。

逸れた話を若い人に戻しますが、彼らは目の前の人に優しくはあっても、自分からは動きません。

その優しさをもっと、積極的に出せばいいのにと思います。

優しさとは、単に人のいいなりになるという軟弱なものではありません。プロとして、人間としての厳しさに裏付けられた優しさが欲しいものです。

「逃げるが勝ち」と思う

僕は、親から「京大の大学院に残るほうが潰しがきく」といわれたのを無視して、わざわざ名古屋大学の大学院に移りました。

要は、京大の教授の下で研究を続けたくないから逃げたのです。

やりたくないことをやらない……「逃げるが勝ち」ですね。

実はこれが大事であって、人生のターニングポイントになることもあります。

「苦しくても逃げるな」という風潮がありますから、逃げてもいいと思えたなら、若者も、ずいぶん気持ちが楽になることでしょう。

最近、散髪に通っている群馬県の前橋市内にある理容室「マルヤマ」で、AKIRAさんという方の話をお聞きしました。

その散髪屋さんは父親の代からやっていて、少し前に、57周年を迎えたそうです。

その記念パーティーのときの写真を見せてくれたのですが、中に、見るからにワイルドな感じの男性がいて、その人がAKIRAさんでした。

彼は、19歳の頃にガンが見つかったのですが、若い人のガンは進行が速く、すぐに難しいステージに移行しました。

そんな状況で彼は、それまで自分が頑張ってきたことがすべて、バカバカしくなったそうです。それで、それまでの自分の人生を捨てました。

「これからは、したいことだけをする」

そして、

「しなければいけないと思っていたつまらないことをやめる」

この二つを徹底すると決めたそうです。

最初にしたのは、日本を出てアメリカに行くことでした。

それでアメリカ原住民と仲良しになって現地での生活になじんだ後、今度はアメリカの裏社会で麻薬の売人になったそうです。

それから南米、中近東と、とにかく危ないところばかりを渡り歩きました。そんな生き方をしていたら、あるときになんと、ガンがなくなっていることに気づいたそうです。

僕はそれを聞いて、「ああ、やっぱりそういう人はいるのだ。好きなことをしていたらやはり、病が消えるんだな」と納得しました。

その後、AKIRAさんのことをネット検索してみたら、最初に見つかったのが、「AKIRAライブ、熱く〜魂を揺さぶる歌、会場いっぱいに」という記事です。

記事には、「1曲目、アイヌ民族の生き方に共鳴してつくったという『ウレシパモシリ（育み合う大地）』では叫びにも似たボーカルで会場を圧倒。すべてと共鳴し溶け合う世界観を表現したメロディと歌詞に聴衆もじっと聞き入った。

負けることの尊さを訴え、聴衆に『負けろ、負けろ』と呼びかける『敗北の歌』、障害者は『勇者の魂』を持っているというインディアンの考え方に学んだという『車椅子の上の魂』など、深いメッセージを持った歌を次々と披露した（北海民友新聞社6月3日付け）」とありました。

「負けることの尊さ」、これも、「逃げるが勝ち」と同義といえるかと思います。AKIRAさんの生き方もまた、逃げたことが人生のターニングポイントになるという素晴らしい例でした。

高知県の高校の物理教師である別府《べふ》進一さんは、宇宙人の教えを伝えています。彼が宇宙人にUFOに乗せられて向こうの星に行った話は、もう知っている方も多いですね（『天皇の龍　UFO搭乗経験者が宇宙の友から教わった龍と湧玉の働き』別府進一著〈明窓出版〉参照）。

知らないという方のために、かいつまんでお話をします。

高知の県立高校で物理を教えている別府さんは、以前、宇宙人に出会いました。細かい説明はご著書にゆずりますが、宇宙人に誘われて彼らの星へ行ったのです。

僕を含め、何人かの地球人が一緒に連れていかれていたそうですが、解放されるときには記憶を完全に消されています。

ところが、別府さんの記憶だけは消されていないのです。

それは彼が、子供の才能を潰してしまう地球における悪しき教育システムを改善させるという役目を与えられているからです。教師をなさっているので、教育の改善に寄与できると思われているのですね。


僕はそのことにがぜん興味を持って、彼からいろいろと教わりました。

その話はすでに他の本でも書きましたから（『UFOエネルギーとNEOチルドレンと高次元存在が教える　地球では誰も知らないこと』松久正氏との共著〈明窓出版〉など）ここで詳しくは触れませんが、その星では、子供が生まれながらに持った才能や、好きな分野、得意な分野だけを伸ばしていきます。

つまり、他の科目、特に苦手な科目の勉強からは逃げていることになります。

これではよくない結果になると思うのは地球人、中でも日本人に多いのではないでしょうか。

しかし、ここでも「逃げるが勝ち」なのです。なぜなら、好きではない他の分野も自然に底上げされてきているといいますから。

これが、本来あるべき教育の姿ですね。


別府さんはそうした教育を、ご自身が勤められる高校で実践しようとしています。

実際のところ、彼の担当分野の物理が好きな生徒はあまりいないので、やれることは限られていますが、幸いなことに彼は、部活顧問も担当していました。

そこで、バスケットボールが得意な子には、それだけを頑張っていきなさいと指導していたら、生徒からものすごく慕われるようになったそうです。

彼の授業や部活の指導を受けたことがない生徒からも、慕われています。

直接指導を受けている生徒から話を聞いて、とても理解がある先生だと評判になっているのです。

けれども、他の先生には、なぜ彼が慕われているのかが納得されないといいます。

逃げた思い出

先述のように、僕は人生において、いく度も逃げてきました。あまり語ってきませんでしたが、実はかなりの回数、逃げています。

名古屋大学の大学院に編入したのも、京都大学の大学院からの逃避でした。

実際、同級生の中込照明君は残って、大変な目にあいながらもしっかりと成果をあげて、その成果は彼の著書『唯心論物理学の誕生――モナド・量子力学・相対性理論の統一モデルと観測問題の解決』や『万物の起源――唯意識論が全てに答える』（共に海鳴社）でも紹介されています。

中込照明という超天才は京大に残りましたが、指導教官とは折り合いが悪いままで、しかも僕をかばってくれたせいで、余計に波風を立ててしまったそうです。

彼は京大の大学院に7年ほど在籍していましたが、指導教官は一向に博士号を出してくれる気配がありませんでした。

それで、さすがにこれ以上いても仕方ないなというときに、ポーランドにあるコペルニクス大学に呼ばれたのです。

しかし、海外の大学に招聘された人物が博士号も取っていないのでは、京大としても明らかに落ち度があったことになり格好がつかない……、そこで、既に何年も前に出していた論文で遅まきながら博士号を出したそうです。


僕に同じことができたかと考えると、とても無理だったと思います。僕には耐えられませんでした。

でも、中込君は耐えられた。彼はしぶとくてマイペースな一匹狼なのですから。

つまり、大学院での勝者は中込照明君であり、僕は敗者だったのです。

けれども、ヨーロッパでいくつもの大学を放浪するような研究生活をしていた彼のために、高知大学の教授にゴマを擦ることで職を紹介したのは僕です。

そのおかげで彼は高知大学の教授として迎え入れられ、今や高知県の室戸岬近くの水平線を望む崖の上で、悠々自適な生活をしています。

敗者であった僕が、勝者の中込君に手を差し伸べたということになったわけですから、結局は、「逃げるが勝ち」なのですね。

実のところ、僕は小学生のときから逃げています。

小学校3年生のときに、テレビで放映されていたあるアニメ番組のキャラクターの鉛筆が、学校に寄付されたことがありました。

けれどもその数は、生徒数の半分ぐらいしかありませんでした。

そこで、僕のクラスの担任は、自腹で普通の鉛筆を20本買ってきて、イラストの入った20本と混ぜて、教卓の上にずらっと並べました。

そして、出席番号順に一本ずつ取りにいくことになったのです。

順番に端から取っていくので、普通の鉛筆に当たった子もしぶしぶそれをもらいます。

僕は、そのキャラクターが好きだったので、絶対にイラスト入りの鉛筆が欲しかったのですが、普通の鉛筆に当たる順番でした。

それで、自分の順番がくると一本抜かして、イラスト入りの鉛筆を取ったのです。

すると、それをしっかりと目撃していた後ろの子がパッと手を上げて、

「先生、いまこいつが順番を無視してイラストの鉛筆を取りました」と大声でいいました。

僕は当時、学級委員をしていましたし、優等生とみなされていたのですが、後ろの子はやんちゃで、いわゆるいじめっ子でした。

だから、担任の先生は、

「保江君がそんなことをするわけがないでしょ」と、後ろの子に怒ったのです。

すると、その子はよっぽど悔しかったのでしょう、ふいに泣き始めました。

その泣き具合や表情で、嘘をついていないということが先生にもわかりました。それに、僕がズルをしたのを他にも見ていた子がいたのです。

そのうち、最初は黙っていた子も、「保江君が取った」といい始め、先生も、「どうして保江君はそんなことをしたの」と驚いていました。

それまでは割とリスペクトされている立場でしたから、やはり恥ずかしくなって、もう、逃げるしかないと、本当にその場から逃げ出したのです。

もしそのまま残っていたら吊るし上げられたでしょうし、いてもたってもいられない空気になっていました。

逃げるときには、しっかりとイラスト鉛筆を持っていきました。テレビドラマだったら、「こんなものいらねーやい」とかいって、それを投げつけるところだったのでしょうが。

それで、すぐに家に帰ったら学校を抜け出したことが家族にバレてしまいますから、学校の裏山でしばらく時間つぶしをしていました。

それが、人生で初めて逃げたときのお話です。

逃げのエピソードはまだあります。

先述のフランス語を学んだ話ですが、事の発端は、当時の京大大学院では授業を受ける義務がなかったことでした。

院生はみんな、自分なりに外国の専門書や論文を読んだりして研究はしていましたが、昼間に大学に行くこともないので、すべからく夜型になっていました。

日が落ちてから研究室に出てきて、明け方まで研究室でコツコツ研究をしているか、議論をしているか、酒を飲んでいるかで、いずれにしても、東の空が明るくなる頃に下宿に帰ってまた寝るのです。

すると、また午後3時ごろまで寝てしまって、夕方からゆっくりと大学へ行く……、その繰り返しが日常になっていきます。

あるとき、下宿の大家のおばあちゃんから、

「そんなに世の中から乖離《かいり》した生活をしていて大丈夫？」と聞かれました。

僕も、こんな生活を続けていたらダメになるなと思ったのですが、目覚ましを2個かけても朝8時には起きられないのです。

なんとかしようと悩んだ結果、朝パチッと目を覚ますには、女子大生がいる環境に身をおくという目的を作ればいいと思い立ちました。

僕の下宿から大学への通学路には、日露会館という建物がありました。関西日仏学館のロシア版です。そこにいつも女子大生がゾロゾロと入っていくので、僕もロシア語を習おうと決めました。

もちろん、女子大生だけが目的ではなく、ロシア語ができると有利なこともありました。アメリカで出版された、ロシアの高名な物理学者や数学者の洋書を買うと高かったからです。

当時でさえ、一冊一万円以上しましたが、ロシア語の原著なら二、三千円ほどの値段で買えました。

しかも、英語に訳されていないロシア語の専門書もあるので、ロシア語を勉強したいと思っていたところでしたから、ちょうどよい機会でした。

ロシア語のクラスは、女子大生が4、5人で、男は僕を入れて2人でした。

その女子大生の中に1人、僕好みの可愛い子がいたのです。

それで、2回か3回目の授業で、意を決して声をかけてみると、意外にすんなりとOKをもらえて、授業の後、近所の喫茶店に行きました。

彼女は立命館大学の学生で心理学を専攻しており、本当にスタイルもいいし、魅力的でした。

当時、僕はときどきタバコを吸っていました。あの時代においては普通のことで、喫茶店のほとんどの客が吸っていました。

ちょっと会話が途切れがちになったので、僕もタバコを出して火をつけました。要するに、間が持たなくなったら、ごまかすためにタバコを吸うわけですね。

するとその子もタバコを吸い出したのですが、その一連のしぐさがものすごく決まっているのです。ミニスカートで脚を組んで、バッグからタバコを取り出してライターで火をつける一挙手一投足に、まったく隙がないのです。

僕は唖然としてしまいました。彼女に比べると、なんと自分のタバコの火のつけ方や吸い方が田舎くさいことか。

そして、彼女がフーッと煙を吐き出した様子が、「つまらない男ね」と思われているように見えたのです。もうそれだけで、彼女との格の違いを感じました。

僕の場合、もうそうなったらダメで、鉛筆のときと同じくまた逃げたわけです。早々に切り上げて、下宿に逃げ帰りました。

その後、1ヶ月ぐらいは立ち直れず、一期分の学費は払っていましたが、結局残りの授業には出ないまま終わりました。

こんなふうに、僕はロシア語からも逃げたのです。

後日談として先述の話につながるのですが、心の傷が癒えるのを待ってから、今度は関西日仏学館のフランス語の授業に通うことにして、半年間で、きちんとフランス語会話の

2コースを修了することができました。

また逃げた思い出

逃げた話はまだあります。

僕は京大の大学院では理論物理学を専攻していましたが、物理学には、実験的な研究をする人と、理論的な研究をする人がいます。

実験は技術を磨くのに対して、理論は頭で考えるため、理論物理をやる人のほうが実験物理をやる人よりも頭がよいという漠然としたイメージがあり、物理学者はたいがい、内心ではそう思っているのです。

それで、大学や大学院では、成績が優秀な人は理論物理を専攻し、そうでもない人は実験物理になるのです。

理論物理にも、さらに階層があります。理論の理屈が常識的な範囲でおさまるような研究もあれば、現代高等数学のように、非常に抽象的なものを扱わないと研究できないという分野もあります。

後者を数理物理学といい、一番賢い人はこの数理物理学を研究するのです。具体的にいうと、高等数学の数式を黒板に書いて、自然現象とはほとんど関係のないことばかりを学問としてやるわけです。屁理屈をこねて、ほとんど趣味みたいなものです。ただ、それが物理学では一番高尚とされており、ノーベル賞を受賞された湯川先生や朝永先生も、数理物理学の研究者です。

特に京都大学では、物理学部で数理物理学をやらない人間は頭がよくないと、伝統的にいわれているほどです。

僕は、大学は東北大学で天文学科にいました。天文学科は、天体望遠鏡を覗いていればいいような、どちらかというと頭よりも体を使うイメージがある学科です。

そんな学科の出身者が大学院で物理をやろうとする場合、普通は実験物理で実験と測定をするものなのですが、僕はそれが嫌だったのです。

理論物理学、しかも高等数学を使って、リスペクトを得たいと思っていました。

でも実際は、高等数学なんてまったく知らなかったのです。

とはいえ、せっかく仙台から京都という新天地に来たわけですから、研究ぐらいはすごいことをやっているように思われたかったので、テーマを決めるときに、数理物理学を目指しました。

「僕は数理物理学をやっています」といえるだけで、とりあえずはＯＫのように思っていたからです。


ところが、そういうにはそれなりの高等数学の知識がないと、いろいろと矛盾が生じるわけです。

当時は大学闘争が活発な頃で、1年間のうち10ヶ月は学生ストで授業がありませんでした。

残り2ヶ月で形だけの授業をしていたような状況でしたから、2、3回だけの授業で試験を受け、たいがいは合格、進級できるという無茶苦茶な状況だったのです。

ここまでひどかったのは、全国でも東北大学だけだったかもしれません。実際、大学のときに学ぶべき数学も物理学も習っていないのです。

そんな中で、なにかの間違いで京都大学大学院に入れてしまいました。

しかも、中込照明君のような京大一の天才がいる、数理物理学という分野を僕もやると手を挙げたわけです。


実際に入学してみると、当然ながら、他の学生は物理や数学を全部知っているのです。なにも知らないのは僕だけなのですが、手を挙げた以上、知っているふりをしなくてはいけなかったのですね。

中込君は、僕が基礎もできていないのをすぐに見抜いて、よくサポートしてくれました。あまり負担をかけるのも申し訳ないと、自分なりに教養を身につけておこうと思って、午前中は関西日仏学館、午後は大学院の数学科の授業を受けていました。

自分の専攻とは違う学科なのでモグリですが、当時の京大の教授はおおらかで、「物理の院生がよく来たね」なんてウェルカムムードだったのです。

それで、4人くらいの有名な数学教授の授業に勝手に出席して、それなりに知識が増えていきました。


中には、授業後に学生を喫茶店に連れていって、ときどき昔話をしてくれるような教授もいました。

その中に、その後長い付き合いになる真面目な教授がいらしたのですが、あるときその先生が、

「いくら物理の院生だからといって、お客さんとして授業を聞いているだけでは不公平だよね」といい出しました。

そして、数学専攻の院生と同じく、「君もセミナーで発表しなよ」といってきたのです。

僕にしてみたら、「そんなアホな」という気持ちでしたが、先生は、さっそく順番を決めようといって、難しい英語の原著で章ごとに担当を決めて、発表することになりました。

次の週から、一章につき一人ずつ順番に発表していきます。僕は第5章だったので5週目でしたから、それに間に合うように勉強すればなんとかなるだろうと高をくくっていました。

ところが、日が近づいてくるにつれてものすごいストレスになってくるのです。ひととおり読んでみましたが、さっぱりわからない。

前の日になり、徹夜して理解しようとしたのですが、全然わからないのです。

そこでまた逃げました。本当なら授業に出て、「すみません。まったくわからなかったので教えてください」というべきだったのです。そうしたら先生も、「それでは仕方がない」といってくれたはずですが、それではあまりに格好が悪い。

結局、逃げ癖がついていた僕はそのときも逃げて、それ以降、学食でその先生にバタッと会うと、ばつの悪さから無視して遠ざかっていました。

それから、10年ぐらい経った頃のことです。

スイスから日本に帰ってきた当時、僕がドイツで運転中にひらめいたYASUE方程式がけっこう有名になっていたので、日本の学会にも呼んでもらえるようになりました。

そして、ある日、数理物理学の学会や研究会で自分の理論を説明していたとき、ふっと見ると、聴衆の中にその先生がいるではないですか。

驚いていると、向こうはニタッとして、

「君はあのときに逃げたから情けないやつだと思っていたけれど、よくここまで身を立てたね」と声をかけてくれました。

またまた逃げた思い出

もう一つ、逃げた話をしておきましょう。

先述のように、当時の京都大学大学院では授業がなく、また、いまのようにコンピューターで成績などのデータを処理できない時代でしたから、一人ひとり、成績を書き込む閻魔帳《えんまちょう》のようなノートを持っていました。

学期末になると研究室に行って、担当教授に授業の単位のハンコをもらっていましたが、授業に出ていなくても、お願いをすればハンコをくれるのが当たり前でした。


さて、他の大学院に編入するときには、単位が足りている必要があります。

それで、名古屋大学大学院の編入試験を受けに行く前に閻魔帳を確認したのですが、なんと必要な単位数が４単位、足りないことがわかりました。

このままでは、編入試験を受けることさえできません。

それで、悪知恵を働かせました。

実はいくつかの数学専攻の授業にもぐり込んでいて、一つは逃げ出したので無理としても、他の授業は最後まで出席していたのを思い出したのです。

それで学則を調べてみると、「他の専攻、他の学科の科目単位も認める」という項目がありました。

「これだ！」と思って、もぐり込んだ授業が単位として認められるかを確認すると、一つだけ可能性がありそうな授業がありました。

しかもその授業の先生は、優しくていい人。その上、研究室の秘書の女性が可愛くて、僕は先生のいないときにまで顔を出していたのですから超ラッキーです。

ただ、よくよく見たら、その単位は2単位しかなく、それをもらってもまだ2単位が足りないということがわかりました。


まあとにかく、2単位だけでももらっておこうと思って研究室に行き、

「僕にも単位をいただけませんか」というと、二つ返事でポンとハンコを押してくれました。そして、科目名を書いたところで、先生が、

「ところで、あの授業って何単位なの？」と聞かれたのです。僕は、本当は2単位だと知っていたのですが、

「わかりません」と答えました。すると先生は、

「じゃあ、調べて書いておいてね」といって、単位数のところを空欄のままにしてくれたのです。

そこに、悪魔がささやきました。

「これに4と書けば、編入試験を受けられるぞ」と。

そして僕は、悪魔に魅入られたかのごとく、4と書きこみました。いまのようにコンピューターで管理されていたら、こうはいきませんよね。

そして、内心はドキドキしながらシレッと教務課に提出すると、名古屋大学に出す書類にも4と打ってくれて、ギリギリセーフの単位数にすることができたのです。

本来なら、僕は他大学に編入することはできなかったのです。

そのことについては博士号を取ってからもずっと気になっていて、一度、中込照明君に打ち明けたことがあります。

「もしあのときのことを蒸し返されたら、学歴詐称とかとんでもないことになるよね」

と。

しかし、彼は急に笑い出し、

「そんなことで悩むな。当時の京大生はみんなやっていたぞ」というのです。

「俺なんて、同じ時間帯に開講している授業を二つも三つも受けたかたちで、単位が取れていたのさ」と。

実際に出席したかなどはどうでもよく、先生のところに行けばハンコをもらえていたのですね。

京大の先生もおおらかでいちいち見ていませんし、教務課も単位が正しいかどうかまで調べやしない、だから、たった2単位のことを気に病む必要はまったくないということでした。

そんな当時の大学や大学院の懐の深さの中で育った人たちが、ノーベル賞を受賞してきました。

いまの日本の大学や大学院では、こんなことはありえないのかもしれません。

教授ですら、この時間帯は研究室にいなくてはいけないとか、出勤退勤をタイムカードに記録しなさいとか、厳格に決められています。

特に、国立大学は締め付けがきつくなっているようです。

そんなことを反映していると僕は思っていますが、日本人でノーベル賞を受賞する人はどんどん減っています。いまはまだ、少しは取れていますが、ご高齢者ばかりです。

その世代がいなくなったら、もう日本人はノーベル賞なんて取れないのではないでしょうか。

その理由は、やりたいことだけをやらせていないからです。もっと院生の面倒をみろとか、決められた時間は大学にいろとか、完全に縛りすぎです。

編入先の名古屋大学の高林武彦先生は、素晴らしい先生でした。

学生はなにをしていてもよくて、ご本人も好きにされていました。

先生は昼過ぎにご自宅を出て、途中の喫茶店に寄って、コーヒーをゆっくり飲みながらぼーっと考えていたのです。

いいアイデアが出たら、喫茶店の紙ナプキンで計算を始めます。うまくいかなかったら、そのまま大学に出てきて郵便物をチェックし、また帰っていきます。

その計算がうまくいき始めたら、もう大学には出てきません。喫茶店でいろいろと試行して、キリのよいところでご自宅に帰っていたのです。


ですから、大学で先生と話をするチャンスはなかなかありませんでした。

どうしても会う必要があるときには、ご自宅まで押しかけました。

確実に捕まりそうな夜の8時ごろに行くと、先生はたいていワインを飲んでいらっしゃいました。頭をフル回転させて難解な理論を考えているので、神経が高ぶってシラフでは眠れないからです。

それで、睡眠薬をアテにワインをがぶ飲みして、深夜2時頃にやっと就寝します。

ご自宅をお訪ねすると先生は喜んで、お前も飲めと勧めてくれるので、僕がワイン好きになったのは高林先生のおかげです。

高林先生は、フランスのノーベル賞物理学者のド・ブロイ博士と共著の論文があるくらい高名な理論物理学者です。

フランス語もペラペラで、フランスのワインを飲みながらフランスの四方山話《よもやま》をしてくれて、本当に可愛がってもらえたという懐かしい思い出があります。


僕は京都から逃げたことで、高林武彦先生に出会えました。人生は本当に「逃げ恥」、すなわち「逃げるは恥だが役に立つ」なのです。

だから、いまの若い人には「もっと逃げていいよ」といってあげたい。

ブラック企業に入ってしまったら、すぐに逃げればいいのになぜかなかなか辞めない人も多いようですね。

日本には、逃げずに踏みとどまって頑張ることが美徳というような風潮があります。

人気アニメの『新世紀エヴァンゲリオン』では、主人公の碇シンジが、「逃げちゃダメだ、逃げちゃダメだ」というシーンがありますね。シンジは父親からも逃げませんし、そういう思想に洗脳されているのかもしれません。

歌でも、『負けないで』という歌が愛されているようですが、先述のAKIRAさんが歌う、「負けろ負けろ」と呼びかける『敗北の歌』。

これは、負けることの尊さを訴えているのです。

一般的には、逃げないことがよいことで、勝たなければ意味がないと思っています。ブラック企業であっても、そこから逃げると親に迷惑がかかったり、次の就職も難しくなると思っているのかもしれません。


そういうときにネットばかり見ていると、思考停止に陥りやすくなります。誰にも相談しないでネットからの情報だけで対処しようとすると、結局どうしていいのかわからなくなるのです。

僕は、どうしていいのかわからなくなったから逃げました。友達や知り合いに相談できない内容だったので、逃げるしかなかったわけです。

日本の子供の自殺率が高いのも、逃げていいと認めない教育が一因でしょう。いじめを苦にした自殺は、直接の原因になるのはいじめた人間ですが、根本の原因は、「つらいときは逃げてもいい」という教育をしていないことです。

いじめの辛さは、いじめられたことのある人ならわかるでしょう。

ただ、いまの先生は教員採用試験で高得点を取った人が採用されます。そのほとんどは、大学の教育学部で学んだ優秀な人たちで、いじめられた経験がありません。

なので、いじめられていそうな子に対して、他の生徒たちがいる教室の中で、「君はいじめられているのか？」と聞くそうです。

そんな状況で、いじめられているとは認めないでしょう。正直にいったらもっといじめられますから、身を守るために「いじめられていません」と答えます。

その心境を先生は理解できずに言葉どおりに受け取ってしまいますから、いじめはなかったことになって、いじめられている子は、誰も助けてくれないという状況に陥ってしまうのです。

ただ、いじめられている子にとって、自殺は敗北ではありません。死ぬことは、先生といじめた連中への仕返しです。

死ぬことで、その人たちに一生消えない心の負担を背負わせてやるという報復なのです。

本当はもっとうまい逃げ方があるはずなのに教わっていないために、報復行為として自殺をする、現代教育の被害者でもあるのですね。

ガンなどの病気も、好き放題したら治ったという話はときどき聞きます。

僕もガンになりましたが、主治医がいまだに、

「長くもって2年という見立てが当たらずにいまも生きて元気にしているのは、あなたが好き放題してきたからです」といいます。

アメリカのある生命保険会社には、以前、余命半年以内というガンの診察結果を2ヶ所の病院から下されたら、生きている間に死亡保険金を出すという保険がありました。

その保険金をもらったある人は、「どうせあと半年で死ぬんだから、これまでしたいと思っていてできなかったことを全部やってやろう」と思ったそうです。

そして、ピラミッドを見に行って頂上に登ってみたり、スカイダイビングをしたり、ライオンハンティングをしたり、普通に暮らしていたらなかなかできなかったことを全部やりました。

すると、ガンが消えてなくなったのです。再発した場合、またその保険金を出してもらえれば、再度好き放題ができますね。

そうした人が多かったせいでしょう、保険会社はもう勘弁してくれといわんばかりに、その保険自体がなくなりました。

特に若者は、もっと好き放題しないといけません。

嫌なことは嫌、逃げたいときは逃げる、それでいいと思います。

根拠のない自信を持つ

名場面というと、どのようなシーンを思い浮かべますか？　映画やドラマのワンシーンという方も多いかもしれません。

でも、自分の人生に名場面がたくさんあったら、きっと楽しい思い出になりますね。

僕は、自分に根拠のない自信を持っていたから、人生の名場面を数多く作ることができたと思っています。

たとえば、東北大学の天文学科から京都大学大学院に物理学専攻で入り、その中でもトップが行くような数理物理学を研究しますと手を挙げました。

できもしないのに手を挙げることで、自分を追い込むわけです。できなかったら格好悪いなんて思ってはいけません。

他にも、「このままだと午前中寝ているだけの暮らしになりそうだから、ロシア語を習いに行こう」とか、「フランス語を習いに行こう」と、自分を追い込んだわけです。

自分はできるという根拠のない自信を持つのが大事だといっているのは、僕だけではありません。

信頼のおけるある知人も、根拠がなくても自信があれば、周囲からは堂々とした人、頼もしい人に見えるものだといっていました。

逆に、ちゃんと勉強して実績を積み重ねたという自信は、鼻について周囲からは嫌われるそうです。

大学の同級生に、ホストクラブでアルバイトをしていた男がいました。

お店でナンバーワンになる人は皆、自信満々だそうですが、話を聞いていると、特に自信をもつほどの根拠は乏しいように思われたそうです。

実際、女性を強く惹きつけるのは、根拠のない自信がある男だったようです。

僕の人生でいうと、日露会館の次に行った日仏学館では、根拠のない自信を持てていました。

教室にいるのは女子大生ばかりで、先生もフランス人の若くて綺麗な金髪の女性です。今度は絶対に恥をかきたくないと思って必死で予習しましたから、当てられてもすらすらと答えられました。

そうしたらなんとなく自信がわいてきて、いい方向に歯車が嚙み合ってきたのです。周りがすごいといっているから、本当はまだまだ初心者レベルなのに自分はフランス語が得意で、実は語学の天才だとか、だんだんと思えてくるのです。覚えたことを披露すると先生は褒めてくれるし、女子大生はますます持ち上げてくれるしで、フランス語に関して根拠のない自信を持ったわけです。

ある日、午前中にフランス語の授業が終わって午後に大学院に行くと、先輩がフランス語のレベルを聞いてきました。

僕は根拠のない自信があるものだから、「クラスでトップですよ」と答えます。すると、

「じゃあ、ちょっとこの仕事をやってくれないか」といって、京大の教養部のフランス語のテキストを2冊、ポンと渡されました。

それは、教科書の虎の巻を作るというアルバイトだったのです。テキストを見ると、フランス語の文法しか載っていません。

僕はフランス語会話しか習っていないのに、京大教養部のフランス語教科書の虎の巻を作ったわけです。

単元ごとに演習問題があって、当然答えも書かなくてはいけないわけですが、僕にわかるわけがないので、適当に書きました。

ガリ版で刷って訳本として売りましたが、きっとずいぶんと間違いがあったと思います。実際、文法もなにも知りませんでしたから。

それを多くの京大生はお金を出して買って、素直に勉強したのでしょう。

当時の京大の教授は、答えが間違っていても単位はくれていましたから、たいした問題にはならなかったのだろうと思います。

そのうち、フランス語に対する根拠のない自信はもっと高まって、その後、ジュネーブではフランス語で授業までをするようになりました。

文法は知らなくても、会話はできていたから授業になったのです。

たまに、ジュネーブの頃の教え子たちが日本に来ることがあります。久々に会ってフランス語で喋ると、みんなびっくりします。

普通、若いときに海外で少しだけ暮らしていた人は、僕のように日本に帰って数十年もたてば喋れなくなるのに、当時のまま話せるので驚かれるわけです。

僕はいまだに文法はわかりませんが、いいまわしなどは覚えているので自信を持って話せます。

口喧嘩もフランス語でできていました。現地の中学生や高校生と口喧嘩して、勝ったこともあります。そのとき、言葉は勢いと迫力が大切だなと思いました。

でもそれはすべて、根拠のない自信を持っていたからできたことです。

周囲の人に、すごい人間だという印象を植え付けるのに、本当にすごい人になる必要なんてありません。

ただ、すごいという自信を持って応対すればいいだけです。それだけで、周りの人があいつはできる人間だと思ってくれます。

名古屋大学の編入試験を受けたときも、本来なら合格できなくて当たり前でした。定員1名のところに、10人ほどの受験生がいましたから。

当時、修士課程までしかない国立大学の学生が博士課程に行こうと思ったら、名古屋大学の大学院に合格するしか方法がありませんでした。

ところが、僕は京大の大学院にすでに在籍していたので、編入試験に落ちてもそのまま京大で博士号を取れていたと思います。

他の受験生には、「そんなやつが俺たちの席を奪おうとするな」と、直接いわれました。

けれども、そんなこと知ったことかと堂々と受験して、結果、受かったわけです。

後日、受かった理由を高林武彦先生に聞いてみたところ、そこには奇跡のようなエピソードがあったのです。

当時、僕がいた東北大学では、理学部の物理系学科に入学した200人は、最初の2年間は教養部に所属して、3年目から学部に進んでいました。

天文学科は5人が定員となっており、志望者がその人数を上回るときは、成績上位者が優先されます。つまり例年なら、成績優秀とはいい難い僕には合格は夢のまた夢でした。

ところが、長期の学生ストがあったことで、大学では授業がほとんどありませんでした。このままだと教養部2年生の全員が3年生に上がれないので、学部生がゼロになってしまいます。

そこで大学側は、学年末試験だけ受ければ単位を出す、つまり3年生に上がれるといい出したのです。

一部の人は日和《ひよ》って、試験を受けました。僕は本当はあまり日和りたくはなかったのですが、ここで試験を受けないと、この先ずっと教養部から上がれないかもしれないという不安もあり、結局、受けることにしました。

勉強はまるでしていなかったのですが、答案用紙に名前を書いただけで単位をもらうことができ、無事に学部に上がれました。

そして、志望学科の欄に、僕は天文学科と書きました。僕の成績では普通なら行けないところだったのですが、その年は3年生に進学できたのが20人ぐらいしかおらず、その中で天文学科の志望者はたったの5人だったため、僕も難なく入れたというわけです。

けれども、そんなことは知られていませんから、名古屋大学で僕の編入の合否を決める会議で、ある先生がいったそうです。

「東北大学の天文学科というのは入るのがとても難しく、理学部の物理系学科200人のうち、トップの5人しか行けないところだから、この学生は非常に優秀なやつに違いない」と。

それが決め手となり、僕は合格できたのだそうです。

本当は、学園紛争のおかげで天文学科に入れただけなので、先生方が勝手に勘違いされていたわけですが、そんなとき、自分から「僕のときは、名前を書けば入れたんです」などという必要はありません。

ものすごく優秀な人物だと思い込ませておけばいい。胸を張っていればいいのです。

それに、根拠のない自信のほうが、本当に裏付けがある自信よりも、周囲には親しみやすく映ります。

「優秀な人なのに、なんだか腰が低いよね」とか、「上目線がなくて親しみやすいよね」などと、好意的に見てくれる……、そこが大事なのです。

本当にトップ5に入れるような人は、少しお高くとまっていて鼻につくから、逆に選ばれなかったりするわけです。

日本の社会では、自信家は嫌われがちですね。謙虚さが美徳という国ですから。

まとめますと、根拠のない自信を持つには、できないことでも手を挙げて自分を追い込むこと、周囲に自分はすごいやつなんだと妄想させること。

それにもう一つ、人がやらないことをやることが大事なのですが、それについては次にお伝えしましょう。

人がやらないことをやる

僕は、高校に入学したときに、体力に自信がありませんでした。

実際、中身も外面も、もやしのようなもので、高校に入ったときにもやしを卒業しようと一念発起して、武道の部活動を探してみました。

すると空手部があったので、入学してすぐの放課後に部活を見学に行ったのです。まだ誰もいない部室に入ってみると、真っ黒に汚れたサンドバッグが吊り下がっていました。近づいてよく見たら、それは血の跡だったのです。それを見た途端、僕には無理だと一目散に退散しました。

それで結局、高校の3年間も、もやしのままでした。

卒業して、親元から遠く離れた仙台の東北大学に入ったときに、これがもやしを卒業するラストチャンスだと思いました。ここで自分を鍛えないと、一生もやしのままだと。

ただ、柔道や空手は高校時代からやっている強者《つわもの》が多いだろうから、中学高校での経験者が少ない武道はなんだろうと考えたのです。

そのとき、半年くらい前にたまたまテレビで観た合気道のことを思い出しました。

その番組では、とても小柄なおじいさんが、大きい武道家たちをこともなげに投げ飛ばしていました。

合気道以外には少林寺拳法が頭に浮かんだので、そのどちらかにしようと思いつつ東北大学の部活動について調べてみると、合気道部しかなかったので必然的にそこへの入部を決めました。

当時の合気道は今よりももっと人気や認知度が低く、経験者も少ないだろうと思ったので好都合でした。

そこで、見学のために合気道部の道場の扉からおそるおそる様子をうかがうと、ちょうど4年生たちが親善試合的な稽古をしているところでした。

そこに顔を出したものだから、

「おお、新入生か、ちょうどいい」といって道場に引っ張り込まれました。

「ちょっと見学に来ただけです」といっても、

「いいから稽古をしていけ」といわれて誰かの汗臭い柔道着を着せられ、2時間ほど稽古につき合うことになったのです。

稽古が終わると4年生たちが、

「花見に行こう」といいだして、僕も当たり前のように連れていかれました。

アルミのカップに日本酒をつがれて、

「俺の杯が受けられんのか」といわれてカップを口に運んだまでの記憶はあるのですが、次に気がついたときは、先輩の下宿で寝ていました。

こんないきさつがあって、僕は1年生の中で誰よりも早く稽古を始め、先輩たちにも顔を知ってもらったわけです。それで4年生の先輩たちが、「あいつの面倒をよくみてやれよ」といってくれたようで、3年生や2年生の先輩も、僕に一目置いてくれたのです。

他の新入生たちも、「どうしてあいつだけ、あんなに先輩によくしてもらっているんだろう」と陰で噂にしていたとか。

そんな雰囲気があったので、頑張らざるを得なくなってしまいました。

稽古を始めるときも先輩から、

「おい保江、まずやってみろ」とよくいわれていました。

仕方がないから見よう見まねでやってみせると、他の1年生もみんな、「あいつは以前から合気道をやっていたのだろう」と勘違いしていたようです。

そのように周囲に妄想させるには、あまり人がやらないことを選ぶほうがよいのです。

いまの若者にいいたいのは、「新天地に飛び込んでみる」ということです。

昔からある大きな会社や、おおぜいの人が選ぶ職業では、「あいつはすごいな」と思われるチャンスはほとんどありません。

けれども、新しい業界が生まれたときだと、誰もそれについて詳しく知らないから、「自分はできる」という雰囲気を出してしまえば、周囲から簡単に崇められます。

不思議なことに、その後は本当にできるようになります。

「あいつはできるやつだ」と周囲が思えば思うほど、困ったことがあったときに、助けに来てもらえるものです。

今後はAIにしろVRにしろ、まだあまり知られていない分野に飛び込むのもよいでしょう。

「(なんだかよくわからないけど)すごいね！」といってもらえると、根拠のない自信を持ちやすくなります。

とはいえ、化けの皮を剥がされて恥をかくこともあるかもしれません。でも、恥をかいてもいいのです。「人生は、遊びだと思い込め」なのですから！

人生なんて、しょせんはお遊びです。お遊びだから、自分の好きに生きていいし、飽きたら走って逃げればいいのです。

目先のことを思い悩まない

「目先のことを悩むな。10年経てば忘れる」

これは、中国の皇帝の名言だそうですが、実際、そのとおりだと思います。

胃がキリキリと痛むぐらい悩んだことでも、10年経てばもうどうでもよくなっているものです。

たとえば、彼女にフラれた人がいたとします。いまはそのことばかりが頭に浮かんで、くよくよと考えるでしょう。

そんな人には特に、

「どうせ10年経てば別の女といるんだから、そんなに悩むなよ」といってあげたい。

キリストの教えでも、「汝《なんじ》、明日のことを憂うなかれ」という言葉があります。

また、アダムとイブは、知恵の実を食べてから思い悩み考えるようになって、彼らがいた楽園から追放されてしまいました。

楽園とは、病気もしない、悩みもない世界だったのに、思い悩むようになってしまった彼らは、そこにはいられなくなってしまったのです。

明日について悩んでいるうちは、楽園には行けないということですね。

たとえばいま、ここに食べ物があるとします。我々人間は、「後で休憩をとるときのために、半分取っておこう」とか、「こんなにおいしいのだから、明日来る彼女のために残しておこう」とか考えますすね。

また、その食べ物がおいしそうに見えたら、お腹がいっぱいでもつい食べてしまう。

ところが犬や猫などの動物は、目の前に餌があってお腹が空いていれば迷わずに食べます。逆にお腹が空いていなければ、見向きもしません。

犬や猫には明日という概念はありませんし、ましてや明日、仲良しの犬や猫が遊びに来るからとっておこうなどとは、一切思わないでしょう。

犬といえば、こんなエピソードがあります。日本の気功の草分けといわれる中村天風先生が、ヨーロッパから船で日本に帰る途中、その船で一緒になったインド人のお金持ちの体調不良を治してあげたそうです。

中村先生は当時、不治の病であった肺結核にかかっていて、その治療法を探しに世界中を放浪していたのですが、これはという治療法を見つけることはできず、失意のうちに帰国するところでした。

インド人のお金持ちは、あなたにはお世話になったから、インドに1ヶ月か2ヶ月寄って、家に滞在していってほしいと誘いました。

ヨガの行者も紹介するからといわれましたが、本当にすごい行者を紹介してもらったのだそうです。

中村先生は、その行者に弟子入りすることにしましたが、修行といえば、ただ、「頭を空っぽにしろ」というだけで、肺結核の病状は悪くなっていきます。

中村先生は、奥義を教えてくれるよう必死にお願いしましたが、答えてくれることなく、他の弟子に野良犬を連れてこさせ、犬の足をいきなり短刀で斬りつけて、その後すぐに、同じ短刀で中村先生の腕も斬ったのです。

野良犬の血が付いたままの短刀で斬られたのですから、破傷風にかかってしまう危険性が大でした。行者は、

「犬とお前とどっちが早く治るか、競争だな」と笑って立ち去ります。

中村先生は、「どうしよう、破傷風になってしまう」という思いが頭から離れないまま、2日経ちました。

高熱が続き、腕は化膿して寒気を感じていたので、間違いなく破傷風だと思い込んで怯えていました。

そこへ行者がやってきて、中村先生の腕を見て、

「かなりひどいな」といいました。

そして弟子に、怪我をさせた野良犬をまた掴まえてこさせて足を見てみると、すっかり治っていたのです。行者は、

「なぜ犬は治ったのに、お前は治らないのだ？」と聞きます。

「あちらは、犬ですから」と中村先生が答えます。

「犬だから治ったのか。じゃあお前はなんだ？」

「人間です！」

「じゃあ、犬と人間と、どっちが上等にできているかな？」

「もちろん、人間です」

「下等な犬が治って、上等な人間がなぜ治らないんだ？」

返事に困った中村先生でしたが、行者は続けます。

「あの犬は、足を斬られたとき、傷口を舐めながら必死に逃げていっただろう。理屈

抜きに、治ることを信じて、ただ舐め続けた。ところがお前は、傷口から破傷風菌が入って、破傷風になると思っただろう?」と。

明日を思いわずらうことのない犬が、この競争には勝ったということですね。

そして行者は、

「お前が思ったとおりになったのだ。人間は、自分の思ったとおりになるものなのだ」

と教えてくれたのです。

中村先生はすっかり開眼した思いで、自分の心が自分も人生も創っていると理解したといいます。

悩む心が、ネガティブな未来を引き寄せてしまうといってもいいかもしれません。

中今に生きる

「中今」というのは、今、私たちが生きているまさにこの瞬間です。この一瞬一瞬を、憂うことなく、精一杯楽しんで生きる……、「中今」を生きることができれば、その人生はすばらしいものになるでしょう。

「中今」とは、すなわち「中夢」のことでもあります。

現代の日本語の発音は、飛鳥時代、平安時代、奈良時代の頃の発音と、同じではありません。

かつては、いまの「やゆよ」は「あうお」だったそうですし、「ま」と「め」の違いもありませんでした。また、現代の「い」と一番近かった発音は「ゆ」だそうです。

だから、「いま」というのは当時の「ゆめ」であったのです。

漢文では、返り点を振って逆に読むので、「中夢」は「夢中」となります。夢の中ということですね。

東京大学の教授でいらした仏教哲学者の中村元先生も、中今について書かれていて、「仏教における涅槃の境地のことではないか」とおっしゃっています。


僕は、あまたある解釈の中でも、「中今」は「中夢」、すなわち夢中という考えが一番当たっていると思います。

子供の頃にプラモデルを必死で作っていると、おばあちゃんが「ご飯ができたよ」と呼びにくるのに、「ごめん、あと5分」といって、気がついたら1時間以上が経っていたということがよくありました。

僕の感覚では5分でも、時計は1時間も2時間も進んでいた……、それが夢中になっているということです。


聖徳太子が奈良の法隆寺に造った、「夢殿（ゆめどの）」という建造物があります。

当時の夢（ゆめ）の発音は「いま」なので、現代でいえば「今殿」です。つまり、夢殿とは、中今になるための舞台なのですね。実際にそういう説もあります。夢殿に入ると、真ん中にいろいろな色の紐が垂れています。その紐を引っ張ると鈴が鳴るのですが、鈴の大きさや材質、色は様々で、それぞれに音色が違います。その音の無限の組み合わせで変性意識状態になれるのです。

変性意識状態になるには、周りの空間からの働きかけも必要ですし、その役目の一端となるのが鈴の音色なのです。

神社での御神事では、いまでも初めに巫女さんがお浄めの鈴を鳴らしますが、変性意識状態になるためのポイントは、鈴が鳴る音の組み合わせということです。

天子が丑三つ時に夢殿に入って紐を引っ張ると鈴が精妙な音を立て、それを聞いて変性意識状態になることで、神様のお言葉を受けることができる……、夢殿は、そのためにあるのですね。

聖徳太子は、明日のことは考えず、今に生きている、夢中になっている状態を顕現する装置を作りました。

現代では、皇太子殿下が霊能力を得て、天皇陛下になられるための道具でもあります。

目先のことで悩まないためには、なにかに夢中になることです。夢中になっていたら、あまり目先のことに悩みません。どこか怪我をしていても、なにかに夢中になっていたら、痛みを忘れるという経験はどなたにもあると思います。


『コンタクト』という映画の原作を書いた、天文学者のカール・セーガンというアメリカ人がいます。彼は夢殿の役割を理解していたので、『コンタクト』という小説の中でそれを表現しました。

映画『コンタクト』に出てくる、ジョディ・フォスター演じる主人公の女性科学者が宇宙人からの情報で製作して乗り込んだ丸いカプセルは、夢殿を表しています。

映画では、ケープカナベラルにあった初号機はテロリストに壊され、北海道にあった予備の装置が作動しました。

2号機が、なぜ北海道にあるという設定なのかというと、カール・セーガンが、これは日本の技術だと匂わせたかったからです。

そこで変性意識状態になって、わずか数秒の間で72時間という長時間、宇宙のどこかで宇宙人と会っていました。カプセルで表現された夢殿は、それを可能にする装置だったわけです。

宇宙の中では、時間の流れはありません。時間は存在しないのです。時間は思考が生み出しているものなので、常に「いま」なのです。

ただ、社会生活を営むにあたって、時間の概念がないと不便なので、時計の針の動きや月の動きを目印として便宜上決めてあるのです。

時間なんて存在しないと心から思えれば、目の前の問題に悩む必要すらないのです。

でも、それは非常に哲学的に聞こえるし、腑に落ちる人は少ないでしょう。

だから、なにかに夢中になるというほうが理解されやすいかと思います。

夢中になれるものなら、なんでもかまいません。

車の運転で悟りを開く

ちなみに、僕が夢中になれるものといえば、車の運転です。

運転中は、車内の人と喋りながら、鼻歌を歌いながら、ラジオも聴きながら、道を歩いている美人を眺めるということができるのです。

そのときの頭は、俗にいう右脳モードであり、僕は昔から、運転しているときは疲れを感じません。8時間くらい運転しても、まったく疲れないのです。

車をバックさせるとき、最近の車では上から見たビジョンが表示されますが、あれよりももっと広範囲が見えている感覚にもなれます。そんな状態で運転していると、絶対に事故は起きません。

僕の知り合いの元F1レーサーは、レース中に時速300キロで競り合っているとき、前後左右の車との間隔が10センチぐらいしかないとわかる瞬間があるそうです。

そして、「あと5センチは寄せられるな」などといわゆるゾーンに入り、やはり上から見たビジョンが浮かぶそうです。

ただ、そんな感覚にいたるのは、30回レースをして1回ぐらいとのことでした。

僕も高速道路を走っているときにそんな感覚になることがあって、そうなったら自在に飛ばせます。その代わり、いろいろと負担がかかって車はかなりへこたれます。


そんな乗り方をしても耐えられて、かつ、15年以上前に製造されているメルセデスベンツをずっと探していました。

なぜ15年以上前の車がいいのかというと、一番の理由は、最近のベンツはドアを開けた途端にエンジンが止まって、自動でサイドブレーキがかかるからです。びっくりしますが、それは安全のためだというのですね。

けれども僕は、バックするときにどうしてもドアを開けて後方を直視したいことが多いので、その機能がない時代のベンツを探し、やっとのことで見つけました。

その車は、まるで僕の手足のように動いてくれますから、UFOを操縦する感覚とはこんなものだろうなと思います。

これまで、3台のベンツを含めてかなりの台数の車に乗っていますが、そこまでの感覚になったのは初めてです。座席に座ってミラーから見える世界、アクセルやブレーキを踏んだときの反応が、まるで自分の体のようで、一切ギャップがありません。


この望んだ車が見つかったのも、なにかの間違いからです。

欲しいタイプのベンツが、代理店や中古車市場でなかなか見つからなかったので、いろんな人に頼んで、様々な地域で探してもらっていました。

そんなあるとき、愛用の軽トラックが壊れてしまったのです。

岡山で乗っていた、農作業用の古いスバル・サンバーです。


それを買ったのは、僕が20年前にガンで死にかけて、手術して退院したときです。美人主治医から、

「今後は農作業でもして土に触れて、のんびり人生を楽しまれてはいかがですか」とい

われ、たしかに、いままで一度も畑仕事をしたことがないなと思い至りました。

すると、高校時代の友人が畑を貸してくれることになったのです。その場所は、岡山市内の自宅から車で40分ぐらいのところでした。

その近くを走っていたときに古い軽トラックが6万円で売られているのをたまたま見かけ、ほとんど新品にしか見えないくらい綺麗だったので購入することにしました。

どうしてこんなに状態がいいのかと聞くと、工場内の運搬作業用だったために長距離を走ることがなかったし、泥道は一度も走っていないとのことでした。


購入後に僕の好きな軍事用のOD色に塗ったその車は、ずっと軽快に動いていました。しかし、ついに馬力が出なくなって油も漏れ始め、そろそろ買い替え時期だなと思って中古の軽トラックを探していたのですが、なかなかいい車が見つかりません。

希望は、エアコンが付いていることと、椅子にリクライニングがあること。

リクライニングがあるぶん荷台は狭くなるのですが、その条件を満たす車種がひとつだけあり、人気が高くてなかなか市場には出ませんでした。

そんな中、ある会合に出席するために京都に行く機会があり、そこに、半年前から参加するようになった京都の自動車工場の社長さんが来ていました。

いつも飲みながら車の話をいろいろしていたので、

「僕のスバル・サンバーが坂を登らなくなったので、次の車を探しているのだけれど軽トラは置いているの？」と聞いたところ、

「いま、2台ありますよ」といってスマホで写真を見せてくれたのです。

1台は、軽トラのダンプカーだったので希望とは違ったのですが、もう一方の軽トラが、まさに探していたものでした。

リクライニングとエアコンだけでなく、ETC装置とカーナビまで付いているということだったので、即決で買うことにすると、僕の名前で岡山のナンバー・プレートを取ってくれました。

スバル・サンバーを、岡山から積載車を出してもらって京都へ持って行き、帰りには新しい軽トラックを乗せて、岡山に運ぶことにしました。

京都の彼の自動車工場に行くと、珍しい車もあるとのことで、見学をさせてもらうことにしたのですが、奥のほうに大きな倉庫があり、中には、野ざらしで置いておくにはもったいない車があるということでした。

ついでにそこも見せてもらうと、目立っていたのがフェラーリでしたが、それは売り物ではなく、お客さんが数年前に買ったものを預かっているとのことでした。

そして、その隣を見ると、なんと、僕が求めていたタイプのメルセデスベンツが置いてあったのです。

嬉しいことにこちらは売り物で、15年前のベンツなのに走行距離が2万キロ、とても状態がよいから外には出していなかったとのことでした。

試乗させてもらうと、やはりドアを開けてもエンジンストップすることはありませんでした。

値段も、ベンツでこの走行距離を考えれば破格だったので、これも即決で購入しました。

車というのは夢殿みたいなものといいましたが、だからこそ、いまの若者にもぜひ乗ってほしいのです。中古車の安いものでもかまいません。

逆に、新しい車はコンピューターが勝手に制御するからつまらない。古い車は自分でコントロールする必要がありますから、思いどおりにできるのです。

運転に慣れれば、1時間でもドライブすると、中今感を覚えることができるでしょう。右脳モードになって、夢殿にいるような感覚が味わえます。

変性意識状態とまではなかなかいかなくても、そのモードを知るだけで、人生がうまくいくようにもなるでしょう。

車も大事に扱うと、その気持ちに十分に答えてくれます。ドアもバタンと閉めず、丁寧に閉めましょう。出かけるときには、「今日も頑張ろうな」と声をかければ、信号に引っかかりにくくなりますし、事故にも遭わず、燃費もよくなる……。

そうしたことを体感している人がたくさんいます。

車とは単なる移動手段ではなく、夢中にさせることによって、我々が目先のことで悩まないようにしてくれる貴重な道具なのです。

本当はマニュアル車が理想ですが、近年は少なくなっていますし、オートマでもかまいません。

もちろん、飛行機や船の操縦でもよいのですが、かなりハードルが高くなりますね。

やはり、気軽に乗り出せる車がお勧めです。

死を恐れず正しい行いを貫く

「死を恐れず正しい行いをしなさい」

この教えが説かれたのは、十字軍の遠征のときです。

エルサレムを奪還しにヨーロッパから来た十字軍の兵士たちに向かって、ローマ教皇がキリストの教えとして伝えた言葉だといいます。

この場合、「正しい行い」というのが奪還のことであり、それを達成するためには死を恐れてはいけないという意味です。

キリストの教えは、「汝の敵を愛せよ」とか、「汝の隣人を愛せよ」ですから、キリスト教でいう愛は、夫婦愛や親子愛のような愛とは異なります。

そのため、かつては「ラブ（Love）」という表現を使わずに、「チャリティー（Charity）」と表現されていたのです。

十字軍の遠征の時代に教皇が伝えた「死を恐れず正しい行いをしなさい」というのが、実はキリスト教でいう愛の定義なのです。

死を恐れずに、正しい行いができることが「愛」なのです。

キリスト教が現代の日本で広まらない理由の一つとして、「襲いかかってくる敵を、なぜ愛さなくてはいけないのか？」という疑問があるからだと思います。

愛を、男女の恋愛、あるいは親子愛のようなものだと捉えていたら、さっぱりわからない教義ですから。

キリストは20代の頃、わざわざ日本にまで真理を学びに来ました。

あまり一般には知られていないのですが、キリストの教えとして残されているものがたくさんあります。

僕の名誉母親である、『置かれた場所で咲きなさい』（幻冬舎）を書かれたシスター渡辺和子が教えてくださったことを紹介します。

シスターたちは、修行として修道院で集団生活をします。修行といえば、座禅、断食、滝行、鞭打ちというような苦行を想像するかもしれません。

ところが、僕が見た限り、シスターたちはみんなよく笑い、日曜日はお出かけして遊んでいました。

とても苦行には思えなかったので、

「キリスト教の修道院での修行とは、なにをやっているのですか？」と聞いたことがありました。

僕はシスター渡辺が理事長をしていらした修道院に泊めていただき、一緒にご飯を食べたこともあるのですが、なかなかに高級な食事が出てきました。ステーキやワインが提供されたこともあります。

ですから、宿泊した僕の第一印象は、「いいものを食べてるじゃないか」でした。

聞くところによると、金曜日だけは断食をするそうです。

断食といっても晩御飯だけを抜くのですが、それでもお腹が空いて眠れない人もいるので、食堂にはフランスパンと水が準備されています。空腹を我慢できない人は、フランスパンを食べることだけは許されているのです。

「そんな環境で、いったいなにが修行なんですか？」と、シスター渡辺に聞いたところ、彼女は笑いながら教えてくれました。

修道院には修道院長が一人いて、あとは全員、横並びの修道女です。そして、修道院長の命令は絶対で、それに従うことが修行になるのだそうです。

つまり、修道院長の意見に自分の意見を挟まないことが修行であると。

修道院長は2年に1回変更され、順繰りにその任をまかされることになります。最年長者が修道院長になるわけではなく、若いシスターが修道院長になることもあるといい、たとえ先輩であっても、修道院長在任中は年下のシスターのいうことを絶対に聞かなくてはいけません。

「あなたはお風呂の掃除をしてください」と修道院長がいうのなら、他のシスターは絶対に従う必要があるわけです。

修道院長のいうことが、理にかなっていない場合もありますし、あるいは、一般的には悪いと思われるようなことをしろということもあります。

しかし、「そんなことはしたくない」と思うことすらいけないのです。

「考えないで行動することが修行なんですよ」と、シスター渡辺は教えてくれました。

僕はそれを聞いて、非常に素晴らしいシステムだと思いました。

修道院長がずっと変わらないと、組織が硬直化して淀みが出てくるという懸念がありますꦼ。だから、期間を決め必ず交代して順繰りで務めるようにしておけば、修道院長のときに誰かをいじめたくなっても、その人が後に修道院長になったときに仕返しされるかもしれないという抑止力になります。

そうした修行で、修道士、修道女は、自分の思考を挟まないで動けるようになるそうです。

そこに、神様が手を差し伸べてくれるのです。思い悩んでいたら、神様はいつまでたっても助けてくれません。

「神様はどんな人に手を差し伸べてくれるのですか?」と聞いたところ、

「損なクジを引く人ですよ」といわれました。

つまり、自分だけが残って掃除をするというような、みんなが楽をしているときに自分だけがしんどい思いをしているような人に、まずは手を差し伸べてくれるのだそうです。

たとえば、冷蔵庫に小さな牛乳パックがいくつか並んでいたとします。

そんなとき、シスターはまず日付の一番古いもの、あるいはすでに期限が過ぎているものを飲みます。新しいものは、他のシスターのために残しておくのです。

ご飯のときも、並んでいる人に順によそっていくと、量が足りなくなることもあるのですが、そういうときには自分が遠慮して、他の人たちにふるまいます。


そうして損なクジを引いていると、神様が真っ先にサポートをしてくださるのです。

損なクジを引くというのは、危険なことも顧みないことです。

悪人が攻めてきたときに、他の人を先に逃がして最後に逃げるというのは、もっとも損なクジです。自分が真っ先に殺される可能性が高くなるのに、それでも損なクジを引く、つまり死を恐れずに行動するのが正しい行いなのです。

それこそがキリストの教えであり、キリストの愛なのです。

まさに、利他的なふるまいなのですが、実際、そういう人のところに、良い宇宙人も来てくれるものです。

宇宙人も神様と同じく、損なクジを引く人のもとに現れて、サポートをしてくれるのですね。

世界に目を向けると、宗教や戒律のある国が多い中、無宗教なのは戦後の日本くらいです。宗教教育は、共産党や日教組が排除したので、若者は宗教を学ぶ機会がほとんどなかったことでしょう。幼稚園で食事前に手を合わせたら、「それは宗教だ」と怒鳴りこんでくる親がいるというぐらいですから。

初めて修道院に泊めてもらったとき、僕は恥ずかしい思いをしました。

夕食時に「いただきます」といってすぐにワインを飲み始めたところ、周りを見ると、シスターたちは全員が食べる前に感謝の祈りを捧げていたのです。これはまずいと思ってすぐにグラスを置いて、格好だけ真似をしました。

食事をいただけるのは、本当はとてもありがたいことです。そこに感謝をしてから食べ始めるというのはごく当たり前のことだったのですが、僕の教養が足りなかったことで、ここでも恥をかきました。

あるとき、

「もし、野良犬が修道院に入ってきたときに、その犬を殺せといわれたらどうしますか?」とシスター渡辺に聞いたことがあります。

「殺せとまではいわれなくても、『捕まえて保健所に引き渡しなさい』と修道院長にいわれたら、自分がその野良犬にこっそり餌をあげて可愛がっていたとしても、いうことを聞くのですか?」と続けて聞いたのです。

するとシスター渡辺は、

「もちろんです。それが修行なのです」とおっしゃいました。


この犬を可愛がっているからといって修道院長の指示に従わずに逃したり、陰でそのまま飼い続けたりするのは、戒律をやぶることになります。ただ、修道院長に咎められるから戒律を守る、ということではありません。

修道院長がいうことは絶対だという状況下に、自分を置いて生活をすることが大事なのだとおっしゃいます。

心の底から理不尽だと思ったら、修道院長の指示に従わない場合もあるのです。

そこに、神の判断が入るのですね。


仏教でも、こんなエピソードがあります。

二人の修行僧が、自身が修行するお寺に戻る途中に、流れの激しい川にやってきました。その川を渡るには、渡し人夫にお金を払ってお願いすることがほとんどです。渡し人夫にお金を払えない貧しい人たちは、男性は自分の足で、女性は男性に背負ってもらって渡ります。

二人の修行僧が自分の足で渡ろうとしていると、一人の女性が声をかけてきました。

「お坊様、向こう岸まで背負っていただけませんか」と。

一人の修行僧は、

「女性に触れるのは戒律に反しますので、背負えないのです」といって断りました。

そこで女性がもう一人の修行僧に同じことを聞いたところ、その修行僧は、

「いいですよ」と、女性を背負って無事に川を渡りきりました。

お礼をいう女性と別れ、お寺に向かって歩き始めた二人ですが、しばらくして断ったほうの修行僧が、

「お前は戒律を破った。帰ったらお前の行動を報告するから、寺にはいられなくなるぞ」

といいました。

しかし、女性を背負った修行僧は涼しい顔をして、

「もうすっかり忘れていたのに、半時以上も経って、まだそんなことを考えていたのか」

と答えたのです。


さて、二人がお寺に戻ると、断ったほうの修行僧は宣言していたとおり、上のお坊さんへ報告しました。すると、そのお坊さんは、

「お前はたしかに女性の体には触れなかったかもしれないが、いまにいたるまでそのことばかりに心が奪われ、自分本来の魂になっていなかった。

かたや、こちらは困っている女性を助けただけで、自分本来の魂のままで寺まで帰って

きた。どちらが正しいと思うかね」と指摘したのです。

つまり、戒律がその場にふさわしくないと思ったら、そのときは破ってもよいのです。やりたくないことはやらなくていい。

修行としてそんな状況に身を置いていても、その中で自分が正しいと思う行いをすればいい。それが、正しいふるまいです。

修道院長に犬を始末しなさいといわれた場合、全員の前では、「はい、わかりました」と従っておき、その後、背反するような行動へ移すかどうかには、自身の判断や覚悟が必要になります。

そこで神様が手助けをしてくださる場合もあれば、結果、犬を殺してしまうことになるという場合もあります。殺してしまった場合は、後々痛みが残るでしょうし、ずっと重荷を背負うことにもなります。

戦争で敵を殺すのも同じです。上官の命令があれば、敵を殺さなければいけません。殺さなかったら、自分の家族や祖国の人々が殺されることになりうるのです。

シスター渡辺は、「日本に軍隊は必要ありません」という人に対して、「もし、ロシアや中国が日本に攻めてきたら、誰が女性や子供を守ってくれるのですか？」と尋ねておられました。そういわれると、みんな黙ってしまいます。

そんなときに、「僕が守ります」といって手を挙げるわけですね、僕のように……。

現代でいえば、ブラック企業に勤めるのも修行の一つといえるかもしれません。修行だとわかった上でブラック企業で働く分には、その経験は決して無駄にはなりません。

そこで得られたものを、自分に活かせればよいのです。

お金は人のために使う

少し話が飛びますが、最近起こった話をしましょう。

その日は、久しぶりに夕方6時から夜中の0時過ぎまで、6時間延々と飲み続けました。

新型コロナウイルス感染症が流行し始めてからこの3年間、そこまで飲むことはそうありませんでした。

ことの発端は、知り合いの社長夫妻に、

「しばらくお会いしていないのでいろいろと積もる話もあるし、飲みに行きませんか」

と誘われたことでした。東京の元赤坂の、気軽な感じの割烹に呼んでくださいました。

シャンパンを開けてもらい、社長ご夫婦は、

「連日飲んでいるから、今日はノンアルコールでいきます」とお茶を飲んでいらしたので、
僕が一人で、2時間くらいで一本を空けていました。

8時30分頃に、二人の男女の外国人が入ってきました。

店の大将が、

「英語はなにもわからないので助けてください」と頼んできたので、いろいろと話を聞

いてみると、二人はアメリカに住んでいるとわかりました。

男性がイギリス人、女性がポーランド人で、ご夫婦かどうかはわかりませんが、とにかく一緒に住んでいると。

日本食が食べたかったお二人がホテルのコンシェルジュで紹介してもらったのが、その割烹だったようです。

その日のメイン料理は、ふぐでした。二人はふぐを食べるのは初めてだったらしく、「ふぐは毒があるのですが、きちんと免許を持っている人が調理しているので大丈夫です」と伝えたら驚いて、おいしいと喜んでいました。

そのうちに意気投合してきて、

「実は昔、僕はスイスにいてね」というと、

「私たちも、スイスのチューリヒに住んでいたことがあります」と教えてくれ、

「僕はジュネーブにいました」などと盛り上がりました。

一般的にはあまり置いていないスイスのワインを開けてもらって飲んでいると、結局、社長夫婦も飲み始め、

「せっかく日本に来たのだから日本酒が飲みたい」と外国人カップルがいうので、一番よいお酒を出してもらいました。

普段は日本酒は飲まない僕も、お二人の口に合うかどうか味を確かめたかったので先に一口いただいたのですが、「日本酒ってこんなにおいしいのか」と初めて思うほど素晴らしいものでした。

みんな喜んでどんどんおかわりして、僕はシャンパン、スイスワイン、日本酒を飲んだ後に少し口を変えたいなと思ってビールまで出してもらいました。

お酒もちゃんぽん、英語と日本語もちゃんぽんで盛り上がっていましたが、0時を回ったところで二人はそろそろ宿泊先のホテルに帰るとのこと。

僕はそのとき、お二人に人生の名場面を作ってさしあげようと思ったのです。

お二人はその日、フィラデルフィアからきたと教えてくれましたが、男性はよく日本に来るそうで、女性は初めて連れて来てもらったそうです。

日本に着いたその日に、コンシェルジュに紹介された日本料理の店で、見知らぬ日本人と飲んで盛り上がったなんて、映画のワンシーンみたいでしょう。

この店には、僕の三味線を飾ってもらっています。弾いてあげると、とても喜んでくれて、三味線を持たせて記念写真も撮り、それも盛り上がりました。

だからこそ、この人生の名場面を最後まで最高に演出してあげたいと思ったわけです。

それで、

「少し前に日本の総理大臣が変わったから、いま外国人の飲食はタダなんだよ」といいました。

もちろん、僕が支払おうという心づもりです。

お二人は、僕がごちそうしようとしているのに気づいて遠慮していましたが、いいからいいからといって納得してもらいました。

その日は、社長さんのご招待だったので、その外国人カップルお二人の分だけ僕が払いました。

思い出されるのが、昔、シスター渡辺が勧めてくれた、『バベッドの晩餐会』という映画です。

あらすじを、ムービーウォーカープレスというホームページから引用しておきます。

＊＊＊＊

19世紀後半、デンマークの辺境の小さな漁村に、厳格なプロテスタント牧師の美しい娘、マーチーネとフィリパは住んでいた。

やがてマーチーネには謹慎中の若い士官ローレンスが、フィリッパには休暇中の著名なオペラ歌手アシール・パパンがそれぞれ求愛するが、二人は父の仕事を生涯手伝ってゆく決心をし、歳月がたち父が亡くなった後も未婚のままその仕事を献身的に続けていた。

そんなある嵐の夜、マーチーネとフィリパのもとにパパンからの紹介状を持ったバベットという女性が、訪ねてきた。

パリ・コミューンで家族を失い亡命してきた彼女の、無給でよいから働かせてほしいという申し出に、二人は家政婦としてバベットを家におくことにした。

やがて彼女は謎を秘めつつも一家になくてはならない一員となり、祖国フランスとのつながりはパリの友人に買ってもらっている宝くじのみであった。


それから14年の月日が流れ父の弟子たちも年老いて、集会の昔からの不幸や嫉妬心によるいさかいの場となったことに心を痛めた姉妹は、父の生誕百周年の晩餐を行うことで皆の心を一つにしようと思いつく。

そんな時バベットの宝くじが一万フラン当たり、バベットは晩餐会でフランス料理を作らせてほしいと頼む。姉妹は彼女の初めての頼みを聞いてやることにするが、数日後、彼女が運んできた料理の材料の贅沢さに、質素な生活を旨としてきた姉妹は天罰が下るのではと恐怖を抱くのだった。

さて晩餐会の夜、将軍となったローレンスも席を連ね、バベットの料理は次第に村人たちの心を解きほぐしてゆく。

実はバベットは、コミューン以前「カフェ・アングレ」の女性シェフだったのである。そして晩餐の後パリへ帰るものと思っていたバベットが、この晩餐に一万フラン費やしたことに姉妹は驚くが、やがて今後もこの地に留まりたいというバベットの真意に思い至り、胸をつまらせるのだった。

＊＊＊＊

フランスの高級レストランのシェフだった女性が、デンマークの貧しい人たちに、素晴らしく贅沢な食材を取り寄せて、料理を作るお話です。

その中に、厳しい生活を強いられていて笑うこともできなかった人たちが、彼女のスープを飲んだら顔が緩んでいくというシーンがあります。

バベットは、村人たちの人生の名場面を自分の料理で作ったわけです。

僕もそういうことがしたいとつねづね思っていました。

仕事で日本まで来るような人たちですから、お金に困っていないことはわかっていたのですが、外国で地元の人と親しくなり、ご馳走にまでなったら、その国の印象はきっとよくなるはずです。

その少し前に、広島で不思議な人物にも出会っていました。UFOに何度か乗っているという男性で、

「もうじきあなたも乗れますよ」といわれていたのです。

その男性は、UFOは利己的な人は絶対乗れない、他人の利益を優先するような人が乗れると話していました。

それもあって、他人の人生の名場面を作ってあげられるように動こうと思っていたところだったのです。

だからその日は本当に、生き生きと晴れやかな気持ちで帰宅しました。

実はその頃、僕は小さな悩みを抱えていました。

駐車場を管理している会社から、僕が車を置いている都内中心部のオフィスビルが解体

されることになり、地下駐車場を使用できなくなるという通知が届いたのです。最近は車を使う頻度が高いので、近くの駐車場でないと不便になってしまいます。

僕の部屋がある古いビルの駐車場が空いているか大家さんに聞いてみたのですが、すでにいっぱいで、大家さんからは、

「事務所を借りるときに仲介してくれた不動産屋に聞いてみたらどうですか」とアドバイスをもらいました。その不動産屋の年輩の社長さんとは、時々近所の飲食店で会うこともあり、顔馴染みになっていました。

一応、インターネットで近くの駐車場を探してみましたが、空いていることになっていた場所も、実際に問い合わせてみると満車でした。


そんなときに、久しぶりに6時から深夜まで飲んだものですから、家に帰ってからお風呂に入る元気もなく、そのまま寝てしまったのですが、翌朝目が覚めたときにはアルコールはまったく残っておらず、パチッと目が覚めました。

シャワーをすませてからお昼過ぎに、定期的に通っているストレッチのお店に出向いて、

気分よく帰る途中、ふと、大家さんの「不動産屋に行ってみたら」という言葉が思い出されました。

そこで、不動産屋さんで駐車場を探してもらうと、1ヶ所だけ案内できるところがあるといいます。見にいってみると、昔の町工場で小さな古い建物でしたが、ちゃんと屋根がありました。値段も手頃どころか相場の半額です。

なぜそこが空いていたかというと、スペースの都合で軽自動車や小型車しか入れられないという条件があったためだそうですが、ちょうど僕が乗っている車は昔のミニクーパーなのでピッタリです。

こんなにうまくいったのは、前の晩に利他的なことをしたからに違いないと思います。他の方々の人生の名場面を作ってあげると、巡り巡って自分にもいいことが返ってくるのです。

利他的であることの大切さを、改めて認識しました。

貸したお金は差し上げる

先述の、外国人カップルにごちそうした話ですが、「あのとき東京でおもしろいことがあったね」と、記憶に残る空間と時間を提供できたことが、僕の喜びにもなっています。お金を使わずに盛り上げる方法もあったでしょうが、そのときの僕にとってはお金を提供するのが一番楽な方法だったのです。

この話にさらに追加したいのは、貸したお金は差し上げなさいということです。お金を貸すならあげたつもりでいなさいというのは、割とよく聞かれる話ですよね。貸したと思っていると、返ってこないときに恨みの感情が湧いてしまうからです。あげたつもりでいれば、先々の返済について憂う必要はありません。

僕は人生の中で、かなりの金額を人にあげています。人が良さそうに見えるのでしょうか、大学に勤務していたときは、交通整理の係員からよくせびられたものです。「病気が悪化して」などと理由をつけていましたが、また競馬に使うことはわかっていました。でも、その都度だまされたふりをして差し上げていました。

ただ、あげるというと向こうも気が引けるでしょうし、プライドもあるでしょうから、貸すという体《てい》にはしていたのですが。

これは、父の教えです。タクシーに乗ったとき、父は絶対に釣り銭をもらいませんでした。だから、僕もタクシーでは必ず、お釣りはチップにするようにしています。

そういう人が少ないせいか、運転手さんがびっくりして、わざわざ運転席から降りてきて「ありがとうございます」という方もいらっしゃるぐらいです。

ただ、お金を差し上げるよりも、必要なものを買ってあげるほうがよいこともあります。

例えば、困っているからお金を貸してほしいといわれたときには、なにに困っているのかを聞くようにします。

人によっては、お金を手にすると、競馬やパチンコで少し増やしてから返したほうがいいぞと悪魔がささやくことがあるのです。

そんなときは必ずスってしまいますから、またせびりに来るという繰り返しです。どんどんギャンブルジャンキーになってしまうのは、本人のためにもなりません。

それよりも、本当に困っていることがあるのなら、もので補ってあげるほうがよいでしょう。お金を渡すと、悪魔がささやく隙を与えてしまいます。それぐらい、お金には魔力があるものです。

先日、おもしろい人と出会いました。

若い青年なのですが、先祖代々お金持ちのようで、本人は仕事をしたことがありません。日常的に彼がしていることは、そのお金を世界中の子供たちのために寄付することです。

例えば、ＩＴ業界で成功するなど、若くして資産家になった人はたくさんいます。

でも、いまの時代、資産は放っておくだけでは増えないので、切り崩して使っている人が多いのです。どんどん使っていけば、1億円なんてあっという間に消えてしまいます。

それとは違って、彼は無尽蔵に資金があり、主にアジアやアフリカで貧困にあえぐ子供たちに、際限ないがごとく寄付をしているのです。

その方法は、貧しい地域に、学校を造らせるというものです。大統領や王様、政府側にお金を渡すと、子供たちのところには届かずに消えていきますから、実際の現場で子供に関わっているところに、直接お金を出します。

そういうところで学校を造ると、現地の大人たちは神様に祈りが通じたというそうです。

キリスト教、仏教、イスラム教など、どんな宗教でも必ず信者は祈りを捧げます。祈りで、神様への願望を伝えるのですね。

祈りが通じたおかげで、外の世界から神が姿を変えたお金持ちがやってきて、学校を造ってくれたと思っています。

それで彼は、自分は神のような存在とはまったく違うのに、こんなことを続けていって、はたして子供たちを救うことになるのか、わからなくなってきたと話してくれました。

そのときに、以前に観た『ハミングバード』という映画のことを思い出しました。ジェイソン・ステイサムが軍規に違反した脱走兵を演じた映画です。

逃げたステイサム演じる脱走兵は、繁華街の片隅で暗躍する中国人マフィアに雇われて、ロシアマフィアなどを次々と殺していきます。

その映画に、修道女のヒロインが登場します。彼女は修道院で暮らしていて、その活動の一環で毎晩、繁華街のホームレスたちに食事を提供しています。

それを見かけた脱走兵は、修道院に寄付をしたり、シスターが働いている救護センターに食料を届けたりして陰ながら協力していました。

シスターは、最初はその男が脱走兵だとは知らず、ただチャリティーが好きな篤志家《とくしか》だと思っていました。

けれども、親しくなるうちに、男がどういう仕事をしているかを理解していくのです。そして、人を殺したり、なにかを奪ったりしたことで彼が得たお金をもらうことに対する、良心の呵責が芽生えてきます。

特に、シスターという立場ですから、神様からどんなお咎めがあるかわからないと心配に思うわけです。

脱走兵は彼女の活動を応援したい一心だったので、二人の間にはギャップが生じてしまいます。恋心も芽生えるのですが、そこはハッピーエンドとはいきませんでした。

終盤、脱走兵は足を洗って去ろうとして、全財産をシスターに託します。

シスターはそれに気づきますが、そのお金を使うことは神が許さないのではないかと思って、修道院長にすべてを打ち明けると、厳格な修道院長がいうのです。

お金で祈りが叶うならそれでいい、たとえそれが血塗られた金であっても、と。

その映画を思い出して、彼に同じような話をしたのです。それでも彼は迷っているよう

だったので、

「僕も手伝いますから、一緒になにかしましょう」といいました。

それで、世界中に「優しさの缶詰」を贈ることを提案しました。

昔から有名なアニメ『ポパイ』では、主人公の船乗りポパイが巨体で暴れ者のブルートに負けそうになったときには、必ずほうれん草の缶詰を開けてモリモリ食べては、力をつけたところでブルートをやっつけますね。

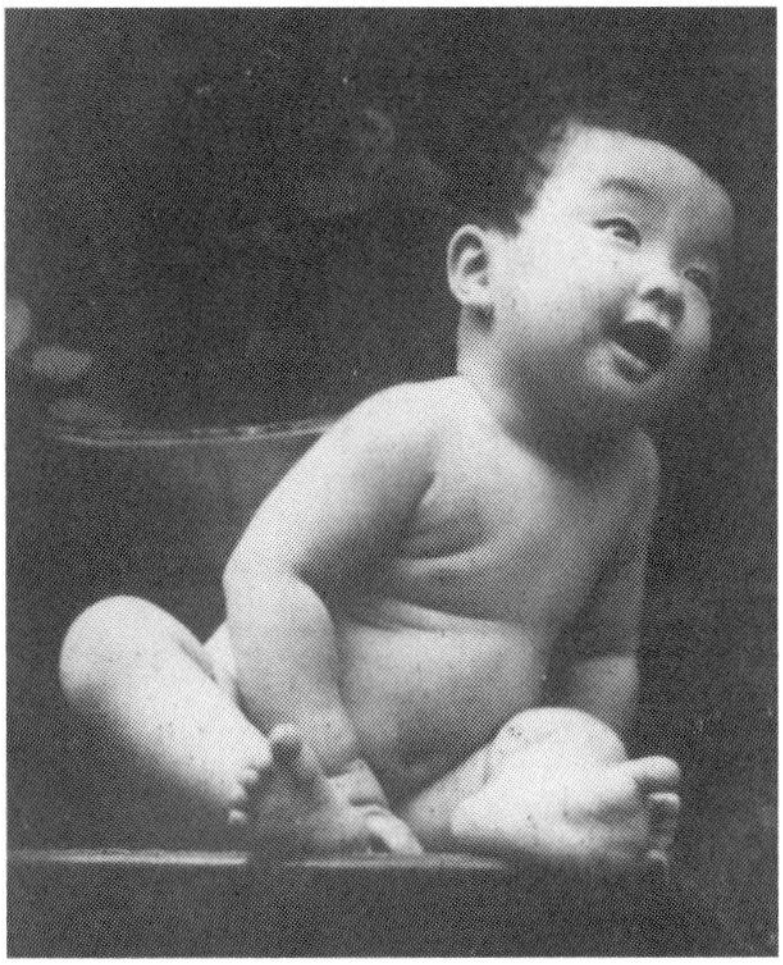

イメージとしてはそのような缶詰なのですが、ほうれん草の代わりに優しさが入っているのです。中には、僕の赤ん坊の頃の写真を一枚入れます。

各地に学校を造ったら、そこに「優しさの缶詰」もたくさん置きます。

そして、「君たちが自分に優しさが足りないと感じたときには、この『優しさの缶詰』を開けてごらん」といっておくのです。

実際に缶詰を開けたら赤ん坊の笑顔で心が和み、優しい行動をすることができる。そんな缶詰を作ることを提案したのです。

彼とはそれ以来会っていないので、その後どうなったのかはわかりません。

お金に余裕のある方は、自分のためにお金を使うのもよいですが、彼のように子供のために寄付などをしてみてはいかがでしょうか？

パート4　祈りが護る國の防人たれ

右脳モードの防人

日本にはいまもなお、祈りで国を護る防人がたくさんいます。伯家神道や陰陽師、また、神様からのご託宣などでさまざまな努力をしている方々です。

いま、ロシアはウクライナで戦争をしていますが、大統領がプーチンから代替わりしたら、ひょっとしたら今度は日本に牙を剥いてくるかもしれません。中国も攻めてくるかもしれません。

そんな中、今上陛下が祈りで、日本や日本国民を護るために力を尽くしてくださっています。

そのご苦労を少しでも軽減して差し上げようと、霊能力者や神様からの命令が下った人たちが活動していますが、それだけではもう足りなくなっています。

だからこそ、本書を読んでくださる方々に、日々の生活の中で、根拠のない自信を持つことや、なにかの間違いを止めてはいけないことや、やりたいことだけをやることなどについて説明してきました。

もちろん、いますぐ陛下のお役に立てるわけではないとは思いますが、まずは右脳的、直感的な生き方をするのが大事なのです。

特にいま、世の中の風潮や政府の指導者たちは、我々を行くべきところとは逆方向に向かわせようとしています。それにはできる限り抗《あらが》って、その手には乗らないことです。

いま、一番恐ろしいのは自動運転です。これこそ、人間を思考中心、左脳モードに釘付けにする方法なのです。

自動運転では、本人は運転をしません。移動時間中、運転の代わりに仕事ができたり、電話で話したりできます。

時間を有効に使えるという捉え方が主流になっていますが、これは思考モード、つまり左脳モードの時間を増やすという最悪な行為なのです。

前述のように、車を運転しているときの人間は、右脳モードです。思考から離れて、魂が広がって空間とつながるという体験ができています。

これは霊能力者もはっきり公言していますし、拙著、『業捨は空海の癒やし――法力による奇跡の治癒』（神原徹成氏との共著〈明窓出版〉）でも書きました。


もちろん、免許取り立ての人は、慣れないのであれこれ気を使いながら運転するので左脳モードになっています。でも、それではスムーズに運転しているとはいえず、むしろ事故を起こす可能性があります。

脳が人間の意識を生み出すのには、0・5秒ほどかかるといわれています。0・5秒といえば、時速60ｋｍ走行では、10ｍ近くも走ってしまうのです。

10ｍ先に子供が飛び出してきたことを認識するまでにすでに10ｍ進んでいるわけですから、ブレーキを踏んでも間に合わないはずなのに、たいていは間に合いますよね。

これは、脳が意識する前に、足がブレーキを踏んでいるからです。0・5秒後に停まった後、「あっ」と思って踏んだという意識が後付けで作られています。

これは脳科学ではよく知られた話ですが、つまり、脳が勝手に事実として作っているのです。

これは、左脳モードでは難しい。だから、初心者は事故を起こしやすいのですね。慣れて鼻歌でも歌えるようになれば、音楽を聴いたり、よそ見をしながらでも悠々と運転できるわけです。


それが特に顕著なのが日本人で、神国日本の真骨頂なのです。

そのことがよくわかるのは昔の絵画ですが、昔のヨーロッパやアメリカの絵では例外なく、自分が見た視点の絵が描かれています。

ところが、日本は違うのです。平安時代の絵巻物に宮中の絵などがありますが、天井より高いところから俯瞰して描いているものも多いですね。

また、江戸時代のもので、上空から江戸の街を俯瞰し、遠くに富士山が見える絵地図があります。現代のスカイツリーの上から眺めたような風景を、当時の絵師が精妙に描いているのです。

実は、そうした絵を描いていたのは日本だけで、他の国にはそんな視点で描かれている絵はありません。

日本人だけが魂が広がって、上から見ていたわけです。


そして、霊能力や超能力がある人は、頭の上が抜けて上とつながっている感覚があると表現することがあります。すべての空間とつながっているのです。

ダンサーも同様で、ダンサーというのは右脳思考だそうです。そうでないと、空間の中の自分の立ち位置がわからなくなってしまうというのです。

人を感動させるようなダンサーは、魂が広がっているから空間とも観客とも一体になっています。だから観客は目が釘付けになるのです。

ダンスが心に訴えてくるのは、魂を広げてつながっているからなのです。

音楽の演奏もそうです。技巧的にうまければいいというものではありません。

オーケストラの指揮者がタクトを動かすのを見て、演奏家が楽器を弾いているのではなく、自然に動かされているのです。

指揮者が楽団員全員と同化して、すべてを一つにしているのです。だから観客とも一体になれるのですね。

野球もそう。昔の話になりますが、王貞治選手のほうが技術的には優れていても、人気があったのは長嶋茂雄選手のほうでした。

なぜなら、長嶋さんは球場に来ている観客の全員とつながっていたからです。

長嶋さんは明らかに縄文の血を引いています。特に、胸毛がすごいのは縄文の特徴です。

右脳防人になるには

また、僕がまだ岡山のノートルダム清心女子大学に勤めていた頃、筑波大学の脳外科の教授からお手紙をいただきました。

内容は、「自分の医局の局員が、脳外科の分野で医学博士を取ろうと論文を提出してきたが、自分では審査できない」というものでした。

「日本全国の大学の教授で、君の研究を評価できる人は誰だと思う？」と本人に聞いたところ、僕の名前が出たそうです。そんな経緯で、僕にお手紙をくださったのです。

当時は、まだメールのやりとりもない時代でしたので、その医局員は毎月のように岡山まで来てくれました。

そして、僕に研究内容を話し、一緒に飲み、一晩泊まって次の日に筑波に帰っていくということを2年くらい繰り返していました。


その研究というのが変わっていて、「患者の生死を分けるのは、医師の努力でも手術の術式の選択がよかったわけでも薬が効いたわけでもなく、それらとはまったく無関係のところで決まる」という内容でした。

たとえば、手術室の雰囲気だったり、その人が住んでいる家の環境だったりするというような内容を、自己体験から研究したものでした。

具体的な例としては、順天堂大学の循環器系の教授で、天皇陛下の手術も担当された有名な先生は、白足袋を履いて手術をするのです。神道のお作法を取り入れているのですが、それで手術も上手なのでしょう。

東京女子医大の心臓外科の教授をしているある医師は、手術前にスタッフ全員で賛美歌を歌い、いつも成功するそうです。

そんなテーマの草分けになる研究の評価でしたが、最終的に、これなら医学博士をあげて大丈夫だと伝えました。


そのときに、その医局員はおもしろい話をしてくれました。

あるとき、通産省の傘下にあった筑波の電子技術総合研究所の著名な研究員の方の息子さんが、自動車に激突されて搬送されてきました。

処置しましたが意識が戻らず、植物状態のまま生かすしかないということになったそうです。

そんな中、彼がたまたま夜勤の当直になったとき、ふっとひらめいたことがありました。「生の血を直接輸血したら意識が戻る」と、なぜかそう思えたというのです。

生の血の輸血は、現代医学では推奨されていません。感染症がうつる恐れがあるからです。

ところが、血を直に輸血すれば意識が戻ると彼は確信できて、翌朝すぐにご両親を呼び出しました。

「根拠はないのですが、自分はうまくいくと確信しています」と、両親に伝えたのです。ご両親も、藁をもすがる気持ちで、「お願いします」といわれました。

そこで、輸血相手として血液型が適合する健康な人を何人か連れてきて直に輸血したら、本当に意識が回復したのです。

その患者は意識が戻ると、

「この半年の意識不明の間、僕は天井の辺りにいた」といい出しました。つまり、臨死体験ですね。

医局員はその言葉を疑っていたのですが、その子がポツンといったそうです。

「僕、先生が治療に来てくれたときも上から見てたよ。先生、みんなには隠しているけれど、頭のてっぺん、禿げているよね」と。

それを聞いて、彼はドキッとしたといいます。僕も知らなかったのですが、彼は頭頂部だけが禿げていたのです。

彼は僕より背が高くて、絶対に頭を下げなかったので気がつきませんでした。最初に会ったときには高慢な感じだなと思っていましたが、なんのことはない、頭を下げると禿げていることがバレてしまうから普段から下げなかったのです。

それで彼は、少年のいうことを信じたわけです。

そして、カール・ベッカーという京都大学のアメリカ人の先生が、臨死体験についての本を出すときにその中学生の症例を引用しました。

そのご縁で、巻末にはその医局員とベッカー先生との対談が収録されています。

人間の魂は、ふだんは体の中に閉じ込められています。でも臨死体験中は、外へ出て広がっていくのです。

ですから、昔の平安時代の日本人は、魂が外に頻繁に出ていたのではないでしょうか。実際に絵に描いたような風景が見えていたのだと思います。

寝ているときに幽体離脱したのか、常時、幽体離脱していたのかはわかりませんが、実際に上から見ていたのでしょう。

そして、一番簡単に魂を身体から解き放つ方法が車の運転です。だから、自動運転の車に乗るのは最悪なことだというのです。

日本人は昔から、魂のレベルで生活できていました。

常に世の中を俯瞰できていたし、現代では車の運転で、俯瞰している感覚になることがあります。決して、運転席に座った自分の目に入る情報だけでは運転していないのです。

高速道路で3車線の道路を走っていると、トラックや乗用車が前後にたくさんいますが、それでも、車が入れる隙間がわかる……、だからスムーズに運転ができます。自動運転に任せてしまうと、その能力はどんどん衰えてしまいます。それで人間の思考に閉じ込められてしまったら、あとはＡＩに操られるしかありません。

世の中はいま、人間の魂を閉じ込めて俯瞰させないように動いているのです。それに逆らうためにこそ、自動運転の車に乗ってはいけません。自力で運転しましょう。

ある霊能力の強い先生は、一番手軽な悟りは、車を運転することで得られると教えてくれました。

また、車にも、車だけではなくあらゆるものすべてに魂があるともいいます。魂を広げて、車の魂とドライバーの魂が一体になっていれば、もう人馬一体のように動いてくれます。そうなれば事故は起きないし、燃費までよくなります。

そのためには、スタート前に「今日もよろしく」と声をかけ、乗り終わったら車を撫でて、「ありがとう」とねぎらいましょう。

霊能者の先生は、車が喜ぶことがよくわかるそうです。その方は絶対に事故を起こさないし、渋滞にも引っかからないと聞きました。

僕は、東京と岡山の間を、10時間ほどかけて運転することがあります。自分の車を運転するのが、楽しくて仕方がないのです。

めんどうくさいから新幹線や飛行機のほうがいいという人もいますが、自動的に魂を広げられるわけですから、僕にとってはとても楽しいのです。

運転がそれほど好きではない人からは「疲れるだろう」といわれるのですが、僕は、本来の世界につながることができます。

ただ、渋滞のときは左脳モードになってしまうので、そのときだけは自動運転というのはたしかによいかもしれません。

でも僕は、渋滞が起きていたら必ず高速道路を降りたり、空いていそうな別の道を行って、時間がよりかかっても遠回りをしますから、右脳モードを持続できています。

運転をしない人と運転が好きな人には、明確な違いがあると思います。

東京から岡山に戻るとき、朝9時ごろに東京を出ると、途中に休憩や食事を挟んで、だいたい夜10時ごろに岡山に着きます。

普通なら、疲れはててなにもする気が起こらず、酒を飲んで寝るだけなのかもしれません。

ところが僕は、長い運転の後に限って原稿を書きたくなりますし、とても重要なことが頭に浮かびます。なにかに思考がつながっているのでしょう。

それから、中今になるように、無理なく楽しく熱中できることに自分の生き方を向けてみましょう。

皆さんが中今で生きていることが、陛下のお祈りの一番のお助けになるのです。

先述のとおり、中今のことを、かつては「なかゆめ」と呼び、それは夢中であることです。夢中とは、左脳を使わない右脳モードのことなのです。

魂を広げた状態になっていると、隣を走っている車のドライバーとも同調できます。自分の車だけでなく、どの車も操作できる状態です。

急に他の車が前に入ってきそうなときも、危ないと強く感じることで元の車列に戻すことができるのです。

特にバイクは、それができないと乗れません。バイクだと、例えば右前方の車が急に左に寄ってきたら終わりです。ただ、魂が広がっていると、寄ってきそうな車を戻すことができます。

F1ドライバーがしていた話ですが、別の車のタイヤと自分の車のタイヤの距離がセンチメートル単位でわかるそうです。

そういうときは絶好調で、絶対事故も起きないし、よいタイムで走れるといいます。

日本人でも、縄文の血がいまだ濃い人は、そうした状態になりやすいそうです。

僕には縄文の血は入っていないようで、大学生の頃はけっこう事故を起こしていました。

ところが、僕が敬愛するエスタニスラウ神父様からキリストの活人術を授かり、ちょっとした技ができるようになってから、絶対に事故を起こさなくなりました。運転の真骨頂の感覚がわかるようになったのです。

それから、運転が格段に楽しくなりました。


矢追純一氏との共著『極上の人生を生き抜くには』（明窓出版）でも書きましたが、ロシアの秘境の村アナスタシアの人たちがＵＦＯ製作のために集められた理由は、ＵＦＯというのは部品をただ組み立てただけでは動かないからです。

部品それぞれに魂があって、その魂同士がうまくつながれるように組み立てなくてはいけません。それは、科学者やエンジニアにはできないことなのです。

それができるのは、旧ソビエト連邦当時、アナスタシアに住んでいる人だけだったのです。

パイロットも同じです。ＵＦＯのすべての部品の魂と人間の魂が一体になって、初めて動きます。

いわば、シンクロ率１００％のエヴァンゲリオンのようなものです。

ロシア人のパイロットでは、２分と操縦がもたなかったそうで、必ず宇宙人が同乗して危なくなると代わりに操縦をしてくれるのです。

つまり、車を運転することは、ＵＦＯの操縦の練習につながっているともいえます。

そして、本当は日本人も遺伝子的に、アナスタシアの村人のような能力を持ち合わせているに違いないと思われるのです。

拙著『祈りが護る國――アラヒトガミの祈りはひとつ』でもすでにお話ししたとおり、国民みんながそのような気持ちで行動すれば、陛下のお祈りも楽になります。

今後、ロシアや中国の問題も激化するかもしれませんし、２０２５年になにかが起きるという予言もありますが、それも大丈夫、問題はなくなるのです。

さあ、今こそ防人が求められているのです。目覚めよ、日本人！

現代の防人を護る三女神——後書きに代えて

さあ、現代の防人となったご気分は如何でしょうか。

これからは陛下と共に、この国とそこに生きる人々を祈りによって護る日々に明け暮れることになるのです。

身が引き締まる思いに満たされていたことを、僕も憶えています。

その僕が先輩として、最後の最後に現代の防人としての大切な心構えをお教えしておきましょう。

それは、海の向こうから迫りくる外敵に対して、島国日本を神代の時代から護ってきた防人が、絶えず心の支えとしてきた、三女神の存在についてです。

我が国の中心が、北九州にあった筑紫の国から畿内へと移っていくときにも、瀬戸内海の周防、宮島、鞆の浦を経由して大和にまで奉られていったのが、天照大神の三女神とされる市杵島姫神《いちきしまひめのかみ》、田心姫神《たごりひめのかみ》、湍津姫神《たぎつひめのかみ》であり、一般には宗像三女神《むなかたさんじょしん》と呼ばれます。

筑紫の国の時代から、国の安寧を守護する海の神として、沖の島の沖津宮、筑前大島の中津宮、宗像田島の辺津宮に奉《たてまつ》られていたためでしょう。

この宗像三女神をいただく我が国の霊的防衛線の効力の大きさは、例えば日露戦争におけるロシアのバルチック艦隊殲滅という奇蹟的勝利からも、推しはかることができるかもしれません。

そう、現代の防人にとっての心の支えもまた、三女神にあるといっても過言ではないでしょう。

では、最も大切な心構えとは、いったいどのようなものになるのでしょうか。

三女神の御加護など、本当にいただくことなどできるわけがない。すべては、神話や迷信でしかない。

そんなふうに考えているうちは、とても現代の防人として陛下のお役に立つことはできない相談です。

本書をここまで読み進んできた皆さんであればこそ、科学文明が高度に発達したいまの世においてなお、三女神の御力をその身に授かることができると理屈抜きで信じ込めなくてはなりません。

さらには、そう信じたことに根拠のない自信を持つ必要もあるのです。

根拠のない自信を持って信じ込みさえすれば、必ずや三女神の御力を得て現代の防人として、陛下をお助けすることができるようになるのです。

実際のところ、半年ほど前のことになりますが、僕自身、三女神ならぬ3人の巫女役の女性を伴って宗像大社を訪れたことがあります。

ただなんとなく、流れに乗って行動しただけだったのですが、それでも古代の高宮祭場で、宗像三女神から今後必要となる御力を分けていただけるという、根拠のない自信だけはなぜかあったのです。

岡山市内からあいにくの激しい雨の中を、6時間以上愛車のメルセデスベンツCLSを走らせ、福岡県の宗像市内にたどり着いた夕方近く、宗像大社近くに差し掛かったタイミングで雨が上がり、まったく濡れることなく高宮祭場まで歩くことができました。

そして、まるで宗像三女神が乗り移っていたかのような3人の見知らぬ女性に迎えられた僕と3人の巫女は、古代祭場で、この世のものとは思えない不思議な時空をさまよったのです。

その結果だったのか、翌3月24日からアクエリアス・水瓶座の時代に代わったこの世界の中で、少なくともこの僕を取り巻く状況が大きく好転していくことになりました。

そうなると、もう止まりません。

プラスがさらなるプラスを生むだけでなく、それまであったマイナスがプラスによって消されていくことですべてがうまくいくようになったのです。

陛下の祈りが世の中の隅々にまで浸透しているかのように。そう、現代の防人として陛下の祈りによる霊力の呼び水となることができたに違いありません。

そもそも、僕に宗像大社へお詣りすることの重要性を説いてくださったのは、元プロレスラーの前田日明《あきら》選手でした。

彼もまた、プロレスや格闘技を通じて若者を導くという日々のお務めのかたわら、現代の防人の代表として素晴らしいご著書、『日本人はもっと幸せになっていいはずだ』(サイゾー)を上梓するなど、陛下と共に我が国に生きるすべての人々を護ってくれています。

その前田日明選手の思いが経済的な状況の悪化によって頓挫しかけたとき、思い切って宗像大社をお詣りした直後から、物事がうまく運ぶようになったそうです。

まさに、宗像三女神の御加護をいただき、現代の防人として召し出されたわけです。

聡明なる読者諸姉諸兄におかれましても、現代の防人として陛下のお祈りの呼び水となる決意を固めてくださったからには、どうぞ、三女神の御力をその身に受ける、心構えを持ち続けていただきたいと願います。

どうか、この祈りが護る國の将来を、よりよきものとしていただけますよう、臥《ふ》して
お願い申し上げます。

2023年初夏
白金の寓居にて
保江邦夫

祈《いの》りが護《まも》る國《くに》

日《ひ》の本《もと》の防人《さきもり》がアラヒトガミを助《たす》く

保江《やすえ》　邦夫《くにお》

明窓出版

令和五年　六月二十日　初刷発行

発行者——麻生 真澄
発行所——明窓出版株式会社
〒一六四—〇〇一二
東京都中野区本町六—二七—一三
振替　〇〇一六〇—一—一九二七六六

印刷所——中央精版印刷株式会社

落丁・乱丁はお取り替えいたします。
定価はカバーに表示してあります。

ISBN978-4-89634-458-5

保江邦夫 プロフィール
Kunio Yasue

岡山県生まれ。理学博士。専門は理論物理学･量子力学･脳科学。ノートルダム清心女子大学名誉教授。湯川秀樹博士による素領域理論の継承者であり、量子脳理論の治部・保江アプローチ（英：Quantum Brain Dynamics）の開拓者。少林寺拳法武道専門学校元講師。冠光寺眞法・冠光寺流柔術創師・主宰。大東流合気武術宗範佐川幸義先生直門。特徴的な文体を持ち、80冊以上の著書を上梓。

著書に『祈りが護る國　アラヒトガミの願いはひとつ』、『祈りが護る國　アラヒトガミの霊力をふたたび』、『人生がまるっと上手くいく英雄の法則』、『浅川嘉富・保江邦夫 令和弐年天命会談 金龍様最後の御神託と宇宙艦隊司令官アシュターの緊急指令』（浅川嘉富氏との共著）、『薬もサプリも、もう要らない！ 最強免疫力の愛情ホルモン「オキシトシン」は自分で増やせる!!』（高橋 徳氏との共著）、『胎内記憶と量子脳理論でわかった！『光のベール』をまとった天才児をつくる たった一つの美習慣』（池川 明氏との共著）、『完訳 カタカムナ』（天野成美著・保江邦夫監修）、『マジカルヒプノティスト スプーンはなぜ曲がるのか？』（Birdie氏との共著）、『宇宙を味方につける こころの神秘と量子のちから』（はせくらみゆき氏との共著）、『ここまでわかった催眠の世界』（萩原優氏との共著）、『神さまにゾッコン愛される　夢中人の教え』（山崎拓巳氏との共著）、『歓びの今を生きる 医学、物理学、霊学から観た 魂の来しかた行くすえ』（矢作直樹氏、はせくらみゆき氏との共著）、『人間と「空間」をつなぐ透明ないのち　人生を自在にあやつれる唯心論物理学入門』、『こんなにもあった! 医師が本音で探したがん治療　末期がんから生還した物理学者に聞くサバイバルの秘訣』（小林正学氏との共著）『令和のエイリアン　公共電波に載せられないUFO・宇宙人ディスクロージャー』（高野誠鮮氏との共著）、『業捨は空海の癒やし　法力による奇跡の治癒』（神原徹成氏との共著）『極上の人生を生き抜くには』（矢追純一氏との共著）（すべて明窓出版）など、多数。

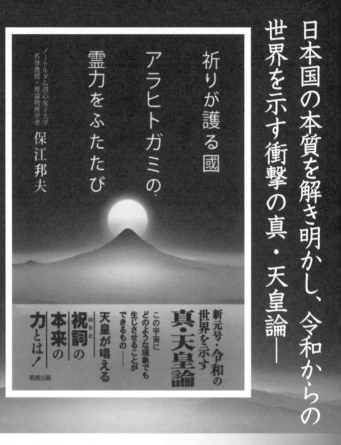